AF198975

Das Königin-Prinzip

Glanzvoll und glücklich

durch den täglichen

Wahnsinn

Eva Ninn

Dieser Titel ist auch als E-Book erschienen.

Copyright © 2015 Eva Ninn

All rights reserved.

Lektorat: Anneke Müller

Umschlaggestaltung: betibup

© 2017 Herstellung und Verlag:

BoD – Books on Demand, Norderstedt.

ISBN: 9783746033617

Dieses Buch wurde von mir geschrieben, um den einen oder anderen Tipp weiterzugeben, der mir auf dem Weg zu einem königlichen Leben geholfen hat.

Es ist für angehende oder zweifelnde Königinnen gedacht, die sich manchmal vielleicht noch selbst im Weg stehen. Das Buch ersetzt keine professionelle therapeutische Hilfe. Es gibt Praxiserfahrung von Königin zu Königin weiter.

Wenn Sie ernsthafte Probleme haben, dann wenden Sie sich bitte an entsprechende Stellen, die Hilfsangebote bieten.

Alle Rechte zur Veröffentlichung und Weitergabe von Inhalten liegen bei der Autorin. Die Verwendung des Textes, auch auszugsweise, ohne vorherige Genehmigung der Autorin ist urheberrechtswidrig und strafbar. Dies gilt insbesondere für die Verwendung, Übersetzung und Weiterleitung in den elektronischen Medien.

FSC
www.fsc.org

MIX

Papier aus ver-
antwortungsvollen
Quellen
Paper from
responsible sources

FSC® C105338

Inhalt

Vorwort

Liebe Königin – ja genau Sie meine ich. Schön, dass Ihnen dieses Buch in die Hand gefallen ist.

Hier finden Sie Tipps und Hilfe - sozusagen von Königin zu Königin - wie Sie ein königliches Leben führen können. Hier und heute.

Sie müssen dafür weder Mette-Marit ihren dänischen König Hakon ausspannen, noch Maxima der Niederlande ihren Frederik. Aber das würde sowieso zu schwierig. Denn zwischen den beiden Pärchen scheint es wahre Liebe zu sein.

Außerdem – wollen Sie etwa ständig in der Klatschpresse stehen und mit Joghurt-Maske, Speckröllchen über dem Bikini-Höschen oder ausgebeulter Jogginghose auf Ihrem Balkon abgelichtet werden? Wohl kaum.

Deswegen schlage ich vor: Vergessen Sie die offizielle Monarchie und werden Sie zur Herrscherin über etwas viel wertvolleres – Ihr eigenes Königreich.

Mit dem Königin-Prinzip kommen Sie einfach und gut durchs Leben und fühlen sich auch noch gut dabei.

Teil I:

Fühlen Sie sich wie eine Königin

Fühlen Sie sich wie eine Königin?

Was haben Sie heute Morgen gedacht, als Sie aufgewacht sind?

„Super, ein neuer Tag und es werden tausend schöne Dinge passieren?"

oder

„Oh nein, ich habe so viel um die Ohren, ich weiß gar nicht, wie ich es schaffen soll?"

oder

„Bin ich dick geworden. Ich mag mich ja nicht mal im Spiegel anschauen. Und gleich motzen die Kinder sicher wieder und trödeln rum und ich komm zu spät ins Büro."

Kommt von Ihnen der erste Ausspruch? Dann herzlichen Glückwunsch. Ihnen ist schon klar, dass Sie eine waschechte Königin sind. Mit dieser Einstellung wird der Tag nur so flutschen.

Und für alle anderen gilt: lesen Sie schnell dieses Buch und verinnerlichen Sie die Tipps, die für Sie sinnvoll sind. Dann blüht auch für Sie das Glück.

In jeder Frau steckt eine Königin. Auch wenn sie sich mal mehr, mal weniger zeigt. Und ein Leben mit dem Königin-Prinzip hilft Ihnen, das Beste aus sich und Ihrer Umwelt herauszuholen, ohne sich selbst zu verleugnen.

Vergessen Sie alle Versuche Ihrer Umwelt (Frauenzeitschriften, Werbung, Eltern, Bekannte, Chef...), aus Ihnen einen anderen Menschen zu machen, als Sie sind.

Drei Kilo weniger zu wiegen, eine bessere Köchin zu sein oder eine engagiertere Mitarbeiterin, die mehr Überstunden schiebt, machen Sie nicht glücklicher.

All das ist sogar sehr bedenklich, denn das Ergebnis aller Anforderungen an Sie ist, dass Sie einem fremden Ideal entsprechen und nicht mehr sich selbst. Je mehr Sie hinter etwas herlaufen, was Sie nach der Meinung anderer sein müssten, desto mehr entfernen Sie sich von sich selbst und von der Königin in Ihnen.

Also befreien Sie sich von diesen Vorbildern und wecken Sie die Königin, die in Ihnen steckt, zu neuem Leben.

Nehmen Sie sich selbst an die Hand und entdecken Sie das Leben und die vielfältigen Möglichkeiten, die Ihnen ein Leben in Stärke und Einfluss bietet.

Tief in Ihrem Inneren ist der Kern, der Ihr königliches Wesen beherbergt. Mit dem Königin-Prinzip lernen Sie, diese Seiten an sich an die Oberfläche zu holen und dort dauerhaft zu verankern. Das bringt Ihr Inneres mit Ihrem Äußeren in Einklang und sorgt so für ein glückliches und erfülltes Leben.
Vielleicht trauen Sie sich anfangs noch nicht, sind durch Erziehung, Job etc. auf ein anderes Verhalten getrimmt. Aber auf Dauer ist nur Ihr königliches Leben das einzig Wahre. Auch für Ihre Umwelt. Auch für Ihre Familie. Ihre Freunde. Ihren Job. Einfach alles.
Denn ein königliches Leben entlastet auch andere. Niemand muss sich ständig um Sie sorgen. Denn Sie haben Ihr Leben im Griff.

Und noch etwas: In jedem Menschen steckt eine Königin bzw. ein König, auch in den anderen. Wenn alle Menschen das erkennen und leben würden, dann hätten wir mehr Frieden auf der Welt und die Medien wären nicht täglich voll neuer grausamer Berichte.

Auch, wenn Sie durch Erziehung und Elternhaus etwas anderes vermittelt bekommen haben.

Egal, wer über Sie etwas schlechtes sagt oder Sie

unköniglich behandelt, so verhalten sich nur Menschen, die sich selber minderwertig fühlen und sich so Erleichterung verschaffen wollen. Und da dieses abwertende Verhalten nichts mit Ihnen zu tun hat, nehmen Sie es nicht für bare Münze.

Es kann sein, dass Sie in Ihrer Vergangenheit Dinge getan haben, die überhaupt nicht königlich waren. Das heißt aber nicht, dass Sie keine Königin sind, sondern nur, dass Sie sich in bestimmten Situationen nicht wie eine Königin verhalten haben.
Jetzt ist Zeit, sich davon zu lösen und zu neuen Ufern aufzubrechen.

Seien Sie milde zu sich und anderen, denn jeder Mensch ist wertvoll und einmalig.
Sie auch. Und das hat nichts damit zu tun, ob Sie erfolgreich sind, eine abgeschlossene Ausbildung haben und allen gängigen Idealen einer modernen Power-Multifunktionsfrau entsprechen, die neben Karriere und Kindern auch den Haushalt mit links schmeißt und eine glückliche Partnerschaft führt.

Es gibt zahlreiche Frauen, die entsprechen den aktuellen Schönheitsidealen. Aber ist Ihnen auch schon einmal aufgefallen, dass die nicht unbedingt diejenigen sind, mit denen man sich gerne unterhalten würde oder die in irgendeiner Weise anziehend wirken?

Denn das, was uns glücklich macht und andere dazu bringt, gerne mit uns zusammen zu sein, das sind nicht Äußerlichkeiten, sondern unsere inneren Werte und eine tiefe Liebe zu uns selbst.

Denn nur wer sich selbst liebt, der kann auch andere lieben.

Und selbst, wenn kaum einer darüber so offen sprechen

würde – außer vielleicht auf Selbsterfahrungs-Seminaren – ist es so. Und wenn wir glauben, dass uns jemand nicht genug liebt, dann ist es meist so, dass wir uns selbst in diesem Augenblick einfach nicht genug lieben und vom anderen erwarten, dass er es wieder ausgleicht mit seiner Liebe.

Deswegen: Egal, wer und was Sie sind. Lieben Sie sich.

Sie können drei Ausbildungen abgebrochen haben und denken, dass Sie klein, dick und hässlich sind. Deswegen sind Sie trotzdem ein wertvoller Mensch, der es verdient hat, von anderen auch so behandelt zu werden. Und sogar noch mehr: Sie sind die strahlende Königin, wenn Sie nur wollen. Niemand hat das Recht dazu, Sie zu bevormunden und auf Ihren Gefühlen herum zu trampeln oder Ihre Bedürfnisse zu missachten.

Das Königin-Prinzip ist eine Lebenseinstellung, deswegen reicht es nicht, das Buch zu lesen und mit einem „ach, interessant, könnte ich mal ausprobieren" im Bücherregal verstauben zu lassen.

Das Königin-Prinzip verinnerlichen Sie nur, wenn Sie konsequent danach leben. Und das nicht nur ab und zu, sondern auf Dauer.

Aber keine Angst, was sich wie harte Arbeit anhört, wird nach kurzem Üben schon zum Selbstläufer und Sie greifen nur noch zum Buch, wenn Sie mal nicht so gut drauf sein sollten.

Warum Sie nach dem Königin-Prinzip leben sollten:

- Weil es mehr Spaß macht, sein Leben selbst zu bestimmen, als bestimmt zu werden

- Weil es Sie glücklich macht

- Weil es Sie selbstbewusst macht

- Weil es Kraft gibt

- Weil es Sicherheit gibt

- Weil es Ihnen hilft, gelassen zu sein

- Weil es Ihnen viele positive soziale Kontakte beschert

Was es heißt, eine Königin zu sein

Kurz gefasst – eine Königin zu sein, heißt, ein königliches Leben zu führen. Sie haben das Regiment in Ihrem Reich und werden von Ihren Mitmenschen respektiert und königlich behandelt.

Sie gehen mit einem gesunden Selbstbewusstsein durch die Welt und respektieren andere Menschen. Sie lassen sich von schlechter Stimmung nicht runterziehen, denn Sie wissen: Sie haben die Fäden in der Hand und gestalten Ihr Leben, Ihr Königreich so, wie es für Sie am schönsten ist.

Eine Königin zu sein, heißt, gesunden Egoismus an den Tag zu legen. Ohne schlechtes Gewissen.

Königinnen vertrauen auf das Gute.

Königin zu sein ist ein Lebensgefühl, eine Lebenseinstellung, die Sie erlangen können, und die Ihnen beruflich und privat die Türen öffnet und zu einem erfüllten Leben führt.

Und das Schöne dabei ist – das Leben nach den folgenden Grundsätzen hilft Ihnen dabei. Selbst wenn Sie zu Beginn Ihre Zweifel haben und sich nicht vorstellen können, dass es so einfach ist. Probieren Sie es aus.

Schon wenn Sie die ersten Tipps befolgen, werden Sie Erfolge in Ihrer Umgebung spüren. Bleiben Sie dran, machen Sie weiter und schaffen Sie sich das königliche Leben, dass Sie verdient haben.

Wie es sich anfühlt, nach dem Königin-Prinzip zu leben

Vielleicht fragen Sie sich, woran Sie erkennen, wenn Sie ein königliches Leben führen? Die Antwort ist einfach: Sie würden gar nicht auf die Idee kommen sich zu überlegen, ob Sie eine Königin sind oder nicht, denn alles, was wir als Königin tun, fühlt sich richtig an. Es gibt selten Momente, in denen Sie sich fragen, ob das alles gerade so richtig ist, was Sie tun. Sie verschwenden keine Zeit mit sinnlosem Grübeln oder Selbstzweifeln.

Eine Königin geht mit erhobenem Haupt durch die Welt. Aufmerksam und voller Vertrauen in das Leben.
Sie trifft Entscheidungen und ist sich auch nicht zu schade dazu, sie zu korrigieren, wenn es erforderlich ist.

Eine Königin ist eine bemerkenswerte Persönlichkeit. Was sie sagt, hat Gewicht. Wo sie erscheint, wird sie wahrgenommen. Eine Königin wird respektiert. Eine Königin wird bewundert für ihren Mut und ihre Kraft. Eine Königin gibt nie auf. Eine Königin muss sich nicht schämen für das, was sie tut.

Eine Königin führt genau das Leben, das sie liebt und das sie glücklich macht. Nicht das Leben, das uns in Werbungen oder Frauenzeitschriften vorgespielt wird. Sondern eines, in dem Sie sich rundum wohl fühlen und stolz auf sich sind, auch wenn Sie nicht eine perfekt aufgeräumte Designer-Wohnung und strahlend saubere und wohlerzogene Kinder haben.

Königin zu sein, das heißt auch, Macht zu haben. Macht über Ihr eigenes Leben, über die Umstände, in denen Sie leben, über Ihre Zukunft, darüber, dass Ihr Leben glücklich und erfüllt ist.

Sagen Sie nicht, Macht habe so etwas anrüchiges, sein nicht weiblich oder ladylike. Das ist nämlich ganz und gar nicht so.

Macht heißt nicht, andere Menschen mit Gewalt zu etwas zu zwingen. Macht heißt nicht, andere zu verstoßen oder abwertend mit ihnen umzugehen.

Macht heißt, die Kraft zu haben, Ihr eigenes Leben zu steuern. Sich nicht als Opfer der Umstände zu fühlen, sondern zu merken, dass man etwas tun kann.

Macht heißt, dass Sie sich nicht hilflos ausgeliefert fühlen, sondern spüren, dass Sie durch Ihr Auftreten und Ihre Reaktionen etwas an den Umständen ändern können.

Dahinter steckt so etwas, wie eine positive „self-fulfilling prophecy", mit der Sie Ihr Leben so gestalten können, wie Sie es wünschen und nicht auf Kosten Ihrer Umwelt und Mitmenschen. Das ist der Grundsatz des königlichen Machtgedankens: Alles was Sie tun, sollte zum Wohle aller sein. Denn auf Ihr Königreich müssen Sie gut aufpassen, damit es lange erhalten bleibt. Erfolge oder Vorteile, die auf dem Leid anderer Menschen aufgebaut sind, verschaffen nur ein kurzfristiges Vergnügen. Die Rechnung kommt bestimmt. Wenn auch manchmal nicht sofort.

Deswegen denken Sie bei allem was Sie tun daran, dass Sie langfristig planen und langfristig ein gutes Verhältnis zu Ihrer Umwelt und zu Ihren Mitmenschen, Familie,

Freunden etc. anstreben.

Tricksen Sie keine anderen Menschen aus, betrügen und belügen Sie niemanden. Denn das führt maximal zu kurzfristigen Erfolgen. Irgendwann fliegt alles auf. Wie viele eloquente Politiker oder Wirtschaftsbosse haben wir schon fallen sehen? Wie viele Finanzjongleure, einst hochgelobt, sind ins bodenlose abgestürzt, nachdem Ihre Visionen, mit denen Sie andere Menschen ausgenommen haben, gescheitert sind. Diese Rechnung geht nie auf.

Königliche Macht ist die Kraft der Konzentration, des Selbstbewusstseins und der Stärke. Königlich zu leben heißt im Jetzt zu leben und aus jeder Situation das Beste zu machen.

Das heißt nicht, dass Sie sich immer durchsetzen müssen, sondern dass Sie Ihre Wünsche und Bedürfnisse verteidigen und so immer das bestmöglichste aus Situationen herausholen.

Nutzen Sie die Kraft, die Sie haben.

Der Dank ist eine innere Zufriedenheit, Klarheit, jede Menge Glücksgefühle und das Bewusstsein, Ihr Leben steuern zu können und so zu dem zu machen, was Sie sich erträumen.

Eine wichtige Voraussetzung dafür ist, dass Sie daran glauben, Macht haben zu können. Haben Sie vielleicht bis jetzt Macht als unweiblich oder etwas schlechtes, weil scheinbar hart und rücksichtslos, angesehen? Dann ändern Sie Ihre Denkweise. Jetzt.

Macht ist Kraft. Die Kraft und Energie, die in Ihnen steckt und raus will. Die Kraft zeigt Ihnen außerdem genau, wenn Sie sich nicht so verhalten haben, wie Sie es nach königlichen Gesichtspunkten getan hätten. Das sind die Situationen, in denen Sie das Gefühl haben, einen faulen Kompromiss zu schließen, übervorteilt worden zu sein oder dass Ihnen „die Butter vom Brot" genommen worden ist.

Dieses schlechte Gefühl kommt aus Ihnen und will Ihnen sagen, dass Sie gerade nicht gut zu sich sind.

Leben Sie nicht mit diesen schlechten Gefühlen. Es ist Ihr Leben und das soll so schön, freundlich und erfüllt sein, wie nur irgend möglich.

Jeder Augenblick, den Sie sich nicht gut fühlen, ist verschenkte Zeit.

Wie werde ich zu einer echten Königin

Eigentlich steckt ja schon eine in Ihnen, sie muss nur freigelassen werden. Ganz wichtig dafür ist, dass Sie an sich glauben. Das Sie alles, was Sie machen, lieben und schätzen und nicht an sich und Ihren Fähigkeiten zweifeln, selbst wenn Sie Gegenwind bekommen.

Denn wenn Sie sich darüber von morgens bis abends bewusst sind, dass Sie eine Königin mit einem königlichen Leben sind, dann strahlen Sie das auch nach außen aus. Sie werden anderen Menschen gleich bei der ersten Begegnung signalisieren, dass Sie ein freundlicher, der Menschheit wohlgesonnener und erfolgreicher Mensch sind, mit dem es sich lohnt, näher in Kontakt zu kommen.

Sie strahlen Stärke und Zuversicht auf und es wird Ihnen alles Gute zugetraut. Beruflich, wie privat.

Sie haben die Wahl – gehen Sie davon aus, dass Sie ein Aschenputtel sind, dann vermitteln Sie anderen Menschen unbewusst diesen Eindruck.

Wenn Sie annehmen und daran glauben, dass Sie eine Königin sind, dann vermitteln Sie das auch Ihren Mitmenschen.

Betrachten wir einmal näher was passiert, wenn Sie davon ausgehen, dass Sie ein Aschenputtel sind:

Sie gehen mit gesenktem Kopf durchs Leben und erwarten von anderen, dass Sie schlecht und herablassend behandelt werden.

Menschen, die davon ausgehen, dass Sie o.k. sind oder dieses Buch gelesen haben und danach leben, werden Sie trotzdem voller Wertschätzung behandeln. Unabhängig davon, wie Sie auf diese Ansprache reagieren.

Viel wahrscheinlicher ist es aber, dass Sie öfter verletzt und „getreten" fühlen, wenn Sie davon ausgehen, dass Sie nichts anderes wert sind.

Das liegt zum einen daran, dass andere Menschen, die selber ein geringes Selbstwertgefühl haben, dazu neigen, sich noch „schwächere" Menschen zu suchen und auf diesem herumhacken, um sich selbst aufzuwerten. Aber es liegt auch daran, dass Sie Dinge anders interpretieren und sich durch das Verhalten anderer auch persönlich verletzt oder angegriffen fühlen, wenn es gar nicht so gemeint ist.

Wenn Sie an das Gute und Königliche in Ihnen glauben, dann ziehen Sie unweigerlich das Gute dieser Welt an.

Wichtig ist, dass Sie sich nicht nur wie eine Königin fühlen, sondern sich auch so benehmen und es einfach ausstrahlen. Und das tun Sie, wenn Sie Ihr Leben auf den zwei Säulen des Königin-Prinzips aufbauen.

Die Säulen, auf denen das Königin-Prinzip steht, sind:

- sich königlich fühlen

- königlich auftreten/handeln

Wenn Sie diese Grundpfeiler Ihrer Persönlichkeit stärken, dann werden Sie zukünftig ein königliches Leben führen.

Eine der Grundvoraussetzungen für ein königliches Leben ist es, dass Sie sich gut fühlen. Und zwar nicht nur „ja mir geht es eigentlich ganz gut", sondern richtig gut. Eben königlich. Selbstbewusst, optimistisch und liebevoll sich und anderen gegenüber.

Denn wenn Sie sich wie eine Königin fühlen, dann wird Ihr ganzen Denken und Handeln dafür sorgen, dass Sie am laufenden Band Glücksgefühle produzieren.
Dabei hilft es, nicht zu viel zu denken und erklären zu wollen. Denn richtiges Glück finden wir nur, wenn wir im Augenblick leben, der gerade ist.

Natürlich ist es schön, wenn Sie selbstbewusst auftreten und sich selbstbewusst verhalten. Aber am aller, aller wichtigsten ist es, dass Sie sich dabei auch richtig gut fühlen.

Dabei bedingt das eine das andere – wenn Sie sich wie eine Königin fühlen, werden Sie sich auch wie eine benehmen. Wenn Sie sich wie eine benehmen, dann werden Sie wie eine behandelt und das wirkt sich positiv auf Ihr Selbstwertgefühl aus.

Das, was wir fühlen und denken, wirkt sich sofort auf unser Energieniveau und unsere Power aus. Geht es Ihnen gut, dann können Sie im wahrsten Sinne des Wortes Bäume ausreißen und Dinge tun, die fast übermenschlich sind.

Wenn Sie dagegen schlecht drauf sind und denken, Ihnen will sowieso nichts gelingen, dann geht auch meist alles schief.

Ich liebe mich

„Ich liebe mich", das ist der typische Satz einer Königin. Und die Voraussetzung für ein glückliches königliches Leben.

Denn nur, wer sich selber liebt und sich großzügig seine eigenen Fehler und Macken vergibt, der kann auch milde gegenüber seinen Mitmenschen sein. Und das ist wichtig.

Obwohl es ja einige hinterhältige und intrigante menschliche Exemplare auf dieser Erde gibt, können wir doch davon ausgehen, dass im ganz normalen täglichen Leben, ohne Krieg, Hunger oder extremer Armut, fast jeder mit sich selbst zu tun hat. Kaum einer will seinem Gegenüber etwas Böses. Trotzdem fühlen wir uns leicht angefasst oder regen uns über andere Menschen auf.

Das ist meist nur ein Spiegel unseres Selbst. Denn so, wie wir über andere urteilen, urteilen wir auch über uns selbst. Das heißt – ärgere ich mich häufig über andere, lohnt es sich, in mein Inneres zu schauen, ob ich nicht selbst mit mir unzufrieden bin. Wer liebevoll in sich selber ruht, der sieht auch seine Umgebung mit „gnädigem" Blick.

Es gibt ja Menschen, die behaupten, Selbstliebe sei etwas verwerfliches und mache arrogant. Dabei ist es eher andersherum – nur wer sich selber lieben kann, ist auch dazu fähig, andere Menschen zu lieben.

Jetzt ist Jetzt

Eine Königin lebt immer nur im Hier und Jetzt. Das ist eine der Grundvoraussetzungen für das königliche Leben, das Sie ab sofort führen werden.

Seien Sie offen für das, was jetzt gerade in diesem Augenblick passiert, denn lebendig ist nur das, was jetzt ist. Alles andere ist voll von Einschätzungen, Wertungen, Prognosen und Vermutungen. Aber richtig real und greifbar ist nur der Augenblick. Und deswegen ist er heilig.

Machen Sie sich keine Gedanken über Ihre Vergangenheit, grübeln Sie nicht über alte Fehler, machen Sie sich keine Sorgen um die Zukunft. Leben Sie im Jetzt und öffnen Sie Ihre Augen für das Schöne um Sie herum. Und um diesen Augenblick auskosten und gestalten zu können, lenken Sie Ihre ganze Konzentration darauf und nehmen alles bewusst wahr. Sonst sitzen Sie beim schönsten Wetter trübsinnig auf der Terrasse und zweifeln vielleicht an der Schönheit des Lebens.

Und grübeln Sie nicht. Denn Sie leben im Hier und Jetzt, völlig konzentriert auf das, was in diesem Augenblick gerade geschieht. Grübeln zieht Ihnen nur Energie ab und lähmt Sie. Es macht Sie blind für die Schönheit und für die schönen millionenfachen Zufälle, die alle auf der Straße liegen und nach denen wir als Königin nur zu greifen brauchen.

Sicher gibt es vieles, das Sie in der Vergangenheit erlebt haben und was Sie heute noch entscheidend in Ihrem Denken und Handeln beeinflusst. Und es gibt auch eine Menge an Dingen, die Sie von der Zukunft erwarten und vermuten aufgrund Ihrer Erfahrungen.

Und fast alles tritt auch so ein, denn unbewusst verhalten wir uns dementsprechend und interpretieren auch alles so, dass es in unser Weltbild passt.

Unser Unterbewusstsein speichert Verhaltensweisen in einer Situation ab, und wenn die nächste ähnliche Situation kommt, wird genauso reagiert. Das ist auch gut so! Denn wenn wir z. B. beim Autofahren darüber nachdenken müssten, wie wir den Zündschlüssel umzudrehen haben, wie wir Gas geben müssen und wo die Bremse ist, dann könnten wir „nebenbei" gar nicht mehr auf den Verkehr achten. Und, dass das fatale Folgen hätte, ist uns allen klar.

Es gibt gewisse Auslöser, das sind bestimmte Situationen, in denen Sie Ihr automatisiertes Denken und Handeln hervorholen. Meist geschieht das unbewusst. Sie setzten sich ja auch nicht in ein Auto und überlegen erst, was Sie zuerst tun müssen. Sie haben tausend andere Dinge im Kopf. Dass Sie spät dran sind, es vielleicht deswegen Ärger im Büro geben könnte. Dass Sie nachmittags noch einkaufen müssen, nicht vergessen dürfen, der Freundin zum Geburtstag zu gratulieren etc.

Sie denken, dafür ist das automatisierte Handeln da? Darauf gibt es als Antwort nur ein eindeutiges Jein! Bei gewissen Abläufen ist es überlebensnotwendig, dass wir sie verinnerlicht haben. Das kann wieder das Beispiel Autofahren sein, oder im Beruf die Bedienung von Maschinen. Das „nach links und rechts Schauen" als Fußgänger im Straßenverkehr.

Aber die durch diese Automatisierung geschaffene „Freizeit", die Ihr königliches Gemüt hat, wird in den meisten Fällen nicht optimal genutzt.

Wie die meisten Ihrer königlichen Kolleginnen verbringen Sie diese Zeit damit, etwas zu planen, sich zu sorgen, sich unter Termindruck zu setzen oder zu ärgern.

Und deswegen, ist diese Automatisierung manchmal etwas hinderlich. Dazu kommt, dass wir ständig wieder nach dem gleichen Schema reagieren, egal, ob es noch angemessen ist (vielleicht war es das sogar nie?!), oder nicht.

Ein weiterer Nebeneffekt bestimmter negativer Programmierungen ist, dass sie uns in eine Schleife ziehen. Wenn uns unser Denken erst einmal runterzieht, dann sucht es nach neuem Futter, um diesen Zustand zu halten. Ein Beispiel: Wir ärgern uns, dass unser Postbote wieder nicht das Paket eingeworfen hat, sondern stattdessen nur den Abholschein. Wie denken „schon wieder", nehmen das vielleicht auch noch persönlich und uns fallen beim drüber nachdenken noch ein paar weitere Situationen wie diese ein. Die Reaktion, wenn Sie diesen Postboten mal zu fassen bekommen, wird auf jeden Fall heftig ausfallen. Sie sind sauer, schuldigen ihn an und erzeugen damit bei Ihrem gegenüber eine Abwehrhaltung.

Das verhindert einen konstruktiven Lösungsprozess für diese Situation, weil Sie sich selbst blockieren.

Wenn Sie im Jetzt leben würden, könnte der gleiche Auslöser ganz andere Folgen haben. Sie würden die Szene unbelastet und unvoreingenommen beobachten. Ihre Erfahrungen aus der Vergangenheit wären nicht relevant und beschränken nicht Ihr Urteilsvermögen. Das heißt, Sie sind handlungsfähig und präsent. Sie können dem Postboten in einem nachdrücklichen aber nicht unfreundlichen Tonfall Ihr Anliegen vorbringen. Denn Sie haben ein Recht darauf, von ihm die Leistung (in diesem Fall Paketzustellung) zu erhalten, für die Sie auch zahlen. Da Sie im Jetzt leben, werden Sie nicht nur auf sich fokussiert sein, sondern auch offen dafür, dass der Postbote vielleicht einen anderen Standpunkt hat oder gute Gründe für sein Handeln. Sie begegnen ihm nicht auf einer restriktiven Ebene, sondern auf der konstruktiven. Die beste Voraussetzung für eine für alle Seiten zufriedenstellende Lösung.

Es kann gut sein, dass Sie bei diesem Vorgehen auch in anderen Situationen feststellen, dass Ihr Gegenüber gute

Gründe für sein Verhalten hat und Sie gar keinen Grund haben, wütend zu sein. Das ist sogar in den meisten Fällen so. Denn jeder erlebt seine eigene Wahrheit.

So kann es sein, dass alle in Ihrer Straße berufstätig sind und der Postbote bereits zweihundertmal an den Türen erfolglos geklingelt hat. Auch an Ihrer.

Vielleicht war es auch eine Anweisung vom Vorgesetzten. Oder der Postbote hat beim Klingeln einen dubiosen Nachbarn gesehen, der allzu stark um Ihre Lieferung bemüht war?

Im Jetzt leben heißt deswegen, die Welt unvoreingenommen zu betrachten und offen zu sein.

Und egal was Sie tun: Seien Sie aufmerksam. Leben Sie im Jetzt und beobachten Sie, was vor sich geht. Und ich verspreche Ihnen, Langeweile wird für Sie ab sofort zum Fremdwort.

Vielleicht stellen Sie sich die Frage, ob es dann nicht viel besser wäre, statt der negativen Beurteilung eine positive anzustreben und weiterhin nicht auf die automatisierten Abläufe bewusst im Jetzt zu achten. Dieser Ansatz ist sinnvoll und wird auch von vielen Verhaltenstherapeuten und Coaches verwendet.

Diese Lösung ist einfach und gut, wenn Sie funktioniert. Zahlreiche Erprobungen in der Praxis haben allerdings gezeigt, dass die automatisierten Verhaltensmuster so stark und in unser Gehirn richtig „eingeschliffen" sind, dass ein Umdeuten nebenbei nur vorübergehenden Erfolg beschert, wenn überhaupt.

Ein Schönreden kann unser tiefstes Inneres und unsere Seele zwar in einigen Fällen überzeugen, aber gerade bei den Themen, an denen wir wirklich knabbern, können Sie so gut wie gar nichts ausrichten.

In solchen Fällen ist es viel wirkungsvoller, die Kraft der Hier und Jetzt zu nutzen, um aufmerksam und voller Ressourcen den Augenblick zu genießen. Mit dieser Lebensart bleiben Sie ständig handlungsbereit und können sich die Zeit nehmen, einmal tief durchzuatmen, statt von Ihren inneren Programmen wie eine Marionette zu Handlungen gesteuert zu werden.

Gerade wenn Sie ein Leben voller Anspannung, Sorgen und Verantwortung führen, ist es leichter gesagt als getan, im Hier und jetzt zu leben und damit ein königliches Leben zu führen. Sie fragen sich sicher, wie Sie in diesen Zustand gelangen und in ihm bleiben können.

Als ein wirkungsvolles Mittel dafür haben sich Entspannungsübungen erwiesen. Dabei können Sie die Methode wählen, die Ihnen am meisten liegt. Das kann z. B. Yoga sein, mit allen seinen Ausrichtungen, die es gibt, autogenes Training, Meditation etc. Es gibt inzwischen eine weite Auswahl an verschiedenen Möglichkeiten und Sie können diese Methoden mit Seminaren, Volkshochschulkursen und Workshops lernen, oder Sie kaufen sich eine Entspannungs-CD oder lesen ein Buch zu diesem Thema.

Vielen Menschen, und so auch den Königinnen unter uns, fällt es leichter, die Fähigkeiten mit anderen Menschen zusammen in einem Kurs zu lernen. Hier ist darauf zu achten, dass Ihnen der Kursleiter auch sympathisch ist und Sie sich vorstellen können, sich in der Runde und Gesellschaft Ihrer Mitstreiter zu öffnen.

Vielleicht haben Sie ein Vortreffen oder eine andere Gelegenheit, den Kursleiter vorher zu kontaktieren, und sei es nur telefonisch, um seine Stimme zu hören. Denn die Stimme ist ein wichtiger Faktor bei der Entspannung. Ist Ihnen jemand unsympathisch oder ruft die Stimme dieses Menschen in Ihnen ein unangenehmes Gefühl hervor, dann wird es Ihnen sehr schwer fallen, vielleicht sogar unmöglich sein, sich zu entspannen.

Das gleiche gilt bei Entspannungs-CDs. Hören Sie vorher rein. In jedem guten CD-Geschäft gibt es die Möglichkeit dazu. Und sogar im Internet bei Online-Buchläden gibt es Möglichkeit einer Hörprobe.

Was es alles auf dem Gebiet der Entspannung gibt und welche Methode und welche Lernform zu Ihnen passt, das können Sie manchmal nur durch Ausprobieren feststellen.

Manchmal passt zu einer bestimmten Phase des Lebens eine bestimmte Art und Weise, sich zu entspannen. Es kann sein, dass Sie mit autogenem Training in einem Seminar beginnen, da Ihnen das Lernen und Entspannen unter persönlicher Anleitung zuerst am leichtesten scheint. Vielleicht wechseln Sie dann zur Meditation, der Sie durch Hör-CDs näher kommen.

Damit Sie jetzt nicht in den nächsten Buchladen rennen müssen, oder das Internet anschmeißen müssen, stelle ich Ihnen im Folgenden eine kurze Atemmeditation vor, die bei regelmäßiger Anwendung sehr hilfreich ist.

Diese Form der Meditation ist sehr wirkungsvoll, denn Atmen ist eine wichtige Voraussetzung, um zu leben. Wir können zwar einige Wochen aushalten, ohne zu essen, aber nur ein paar Minuten ohne zu atmen. Bewusstes tiefes Atmen bringt Sauerstoff ins Blut und steigert so das Wohlbefinden und die Konzentrationsfähigkeit.

Durch die Atmung verbindet sich unser Körper mit der Außenwelt und lässt sie miteinander in Kontakt treten und eins werden.

Sie können die Übung überall machen und in jeder Körperhaltung. Am besten erholen Sie sich aber, wenn Sie sitzen oder liegen. Bitte machen Sie die Übung nie, wenn Sie etwas anderes tun, das Ihre Aufmerksamkeit fordert wie z.B. Auto fahren!

Ihre Haltung: Die Hände liegen mit den Handflächen nach oben im Schoß oder im Liegen auf dem unteren Bauch. Ihre Augen sind geschlossen.

Atmung: Atmen Sie lang und tief durch die Nase ein. Konzentrieren Sie sich dabei auf den Atem, wie er beim Einatmen die Bauchdecke hebt und beim Ausatmen senkt. Beim Ausatmen versuchen Sie, alle Luft aus den Lungen entweichen zu lassen, ohne dabei zu pressen.

Dauer der Übung: mindestens eine Minute, längstens nach Belieben.

Die Welt ist so, wie Sie es denken

Vor einiger Zeit kam im Fernsehen eine Show mit Uri Geller und mit einem tollen Test der zeigt, wie uns unsere Gedankenwelt beeinflusst.

Er hatte Henri Maske in seiner Show und bat den Mittelgewichts-Boxer, sich mit ausgestreckten Armen vor ihn zu stellen. Dann versuchte er, den Arm seines Demonstrationsobjektes herunterzudrücken, obwohl dieser entgegenhielt.

Und was geschah? Nichts. Geller hing ziemlich hilflos an dem Arm, ohne dass dieser sich auch nur einen Zentimeter nach unten bewegt hätte.
Dann, einige Zeit später bat er den Boxer, sich noch einmal in die gleiche Position zu stellen. Jetzt sollte er eine Minute an eine Enttäuschung denken oder an seine letzte Niederlage.

Nach einer Minute versuchte Geller erneut, den Arm von Maske herunterzudrücken und: Es ging ganz einfach und ohne Widerstand. Selbst Maske war total verblüfft, wie einfach er zu besiegen war.

Spannend zu sehen, wie Denken und Glauben das beeinflusst, was wir tun und wie erfolgreich wir es tun.

Für die einen ist diese Erkenntnis erschreckend, für andere ein Segen. Denn das heißt, dass Sie es in der Hand haben, wie Sie leben.

Dieses Grundprinzip auf den Punkt gebracht, heißt nicht mehr als „Fühlen Sie sich wie eine waschechte Königin, dann sind Sie eine".

Es gibt Menschen, die voller Selbstbewusstsein durchs Leben gehen und sich äußerst selten aus der Fassung bringen lassen. Und dann gibt es den großen anderen Teil derjenigen, für die ein misslungener Kuchen oder eine verpatze Präsentation im Beruf ein weiterer Hinweis auf ihre mangelnden Fähigkeiten sind.

Warum bewertet jemand eine Situation total negativ und ein anderer denkt nur „ach, Pech gehabt, nächstes Mal wird es sicher besser"?

Unser Denken beruht auf unserem Weltbild und das ist nicht erst gestern entstanden, sondern das Produkt unserer Erziehung, unseres Elternhauses, der Schule, Freunde und eben des ganzen Drumherum.

Wir machen uns ein Bild von der Welt und wenn es erst einmal steht, dann wird alles, was passiert so interpretiert, dass es genau in dieses Bild passt.

Wir glauben dann, dass andere Menschen, Arbeit, Freunde

etc. so oder so ist und haben eine bestimmte Einstellung zu ihnen und genauso verhalten wir uns ihnen gegenüber. Diese Einstellungen, die ein Mensch im Laufe seines Lebens bewusst oder unbewusst erworben hat, sind unsere persönlichen Glaubenssätze.

Glaubenssätze sind das A und O des Lebens. Sie sind unser Motor, sie sind die Bremse, sie sind das Steuerrad, einfach alles. Denn sie machen unser Weltbild aus.
Ihre Glaubenssätze steuern Sie, wie einen Roboter. Sie sorgen dafür, dass Sie sich bestimmten Dingen zu- und anderen abwenden. Sie machen Sie glücklich oder traurig.

Nicht eine Situation macht uns traurig, wütend oder glücklich, sondern das, was wir über diese Situation denken. Wenn Sie sich also nicht besonders königlich fühlen, dann heißt das nicht, dass Sie keine Königin sind, sondern, dass Sie in diesem Augenblick nicht glauben, dass Sie eine sind.

Das Prinzip der Glaubenssätze ist folgendes: Jeder Mensch sieht die Welt so, wie sie ihm vermittelt wird. Haben wir von Kindesbeinen an sehr viele positive und machtvolle Glaubenssätze vermittelt bekommen, dann sehen wir das Leben und die Welt als etwas Schönes, Großartiges, in der wir viel bewegen können.

Wenn wir aber von Klein auf mit dem Gefühl „gefüttert" worden sind, nicht gut genug oder unzulänglich zu sein, dann setzt sich das auch in unserem Weltbild fest. Herausforderungen werden somit nicht als Chancen gesehen, sondern als Klippen, an denen sich mal wieder bewiesen wird, dass Sie versagen.
Dieser Umstand hat tausende von Jahren die Macht von Herrscherfamilien unterstrichen. Es ist ein gesundes Selbstbewusstsein und das Wissen darum, nur das Beste verdient zu haben, haben kleine Königskinder schon mit der Muttermilch aufgesaugt.

Mit Respekt wurde ihnen begegnet, sie wurden zwar oft durch eine harte Schule geschickt aber nur, um ihre Macht später auch dementsprechend legitimiert ausüben zu können.

Dass Sie, liebe Leserin, mit hoher Wahrscheinlichkeit nicht aus einem waschechten Königshaus stammen, heißt allerdings nicht, dass Sie keine Königin sind. Denn das Gegenteil ist der Fall. Sie wissen es bloß noch nicht. Da Sie Ihre Glaubenssätze aber ändern können, können Sie auch zu dem werden, was Ihnen von Natur aus zusteht. Zu einer selbstbewussten, großzügigen und machtvollen Königin.

In unserer Zeit und in unseren westlichen Ländern, wird man nämlich nicht mehr zur Königin geboren, sondern dazu gemacht.

Und wenn Ihre Eltern oder andere Erziehungsberechtigte es nicht gemacht haben, was soll's? Sie sind erwachsen und Ihres Glückes Schmied, also machen Sie es selbst.

Und genau das kann das Königin-Prinzip.

Es geht in diesem Buch nicht darum, Ihr Leben zu analysieren und zu erforschen, warum Sie bis jetzt Ihre Königin in sich unterdrückt haben. Die Gründe sind sicher individuell und es gibt zahlreiche Möglichkeiten für Interessierte, diese näher zu erforschen. Das kann allerdings ein Buch nicht leisten.

Es geht darum, auf dem, was Sie jetzt sind aufzubauen. Dabei ist es wichtig zu wissen, dass negative Erlebnisse dreimal so lange und deutlich im Gedächtnis bleiben, wie positive.

Das wäre natürlich alles nicht so wild, wenn wir immer hochkonzentriert im Jetzt leben würden. Aber das haben Sie bisher nicht. Sie können das zwar allmählich ändern, aber nicht bereits ab morgen dauerhaft. Und deswegen ist es gut, auf dem Weg dahin Ihre negativen Einstellungen und

Blockaden aufzulösen und Ihre Sicht auf die Dinge zu lenken, die schön sind.

Wenn Sie Ihre Glaubenssätze ändern, ändern Sie Ihr Leben.

Fangen Sie mit einer Kleinigkeit an. Gibt es eine Person in Ihrem Umfeld, bei der Sie das Gefühl haben, Sie sei Ihnen nicht wohlgesonnen? Das kann die Schwiegermutter sein, der Chef, die Chefin oder nur die Nachbarin von nebenan.

Was denken Sie über diesen Menschen?

Er oder sie würde Sie nicht mögen, nicht schätzen und etwas an Ihnen auszusetzen haben?

Es gibt ein altes Sprichwort, das besagt, dass man sich in den anderen Menschen selber sieht.

Das heißt, unbewusst sind Sie demjenigen nicht wohlgesonnen oder schätzen ihn nicht.

Und jetzt versuchen Sie, an dieser Person drei gute Eigenschaften zu finden. Es gibt sie, selbst wenn Sie gerade nicht so ganz dran glauben wollen.

Jedes Mal, wenn Sie an diese Person denken, denken Sie an diese guten Eigenschaften. Und Sie werden sich wundern, wie anders Ihr nächstes Treffen ablaufen wird.

Malen Sie sich Ihr königliches Leben aus

Alles, was Sie sich erträumen können, kann auch Realität werden.

Wenn Sie Ihre goldene Zukunft als erfolgreiche Regentin Ihres Reichs vor sich sehen können, dann sind Sie schon auf bestem Wege dorthin. Denn der erste Schritt zu einem glücklichen und erfüllten, machtvollen Leben ist, dass wir uns vorstellen können, dieses Leben zu führen.

Ist das nicht der Fall und halten Sie sich nicht für so wertvoll, dass Sie das Recht darauf haben, dann werden Sie sich unbewusst auch entsprechend verhalten. Herausforderungen, die Ihnen Erfolgserlebnisse verschaffen könnten, vermeiden und alles so interpretieren, dass Sie in Ihnen alten, sicheren, bequemen aber wenig herrschaftlichen Leben verharren können.

Malen Sie sich in allen Einzelheiten aus, wie Ihr Leben als glückliche und zufriedene Königin aussehen sollte und dann fangen Sie mit der Umsetzung an.

Um sich wie eine Königin zu fühlen, brauchen Sie keine Tipps von mir, denn das Gefühl kommt von innen. Sie müssen es spüren und immer wieder üben. Denn gerade wenn Sie sich länger nicht besonders selbstbewusst und gut gefühlt haben, werden Sie auch nicht über Nacht Ihr Leben um 180 Grad drehen. Es ist vielmehr ein Lernprozess. Und das heißt, dass Sie ständig in sich hinein hören und, sollte es Ihnen nicht gut gehen, dafür sorgen, dass es Ihnen bald besser geht.

Schaffen Sie sich ein königliches Umfeld

Ganz klar: eine Königin braucht ein Reich. Ganz klar. Und wir kommen Sie als frischgebackene Königin an Ihr Reich? Suchen Sie nicht wild drauf los, sondern machen Sie erst einmal eine Bestandsaufnahme. Was haben Sie bereits? Gibt es Menschen, die Ihnen besonders gut tun? Die Sie schätzen und von denen Sie umgekehrt genauso geschätzt werden? Haben Sie bereits gute Freunde, auf die Sie sich in jeder Lebenslage verlassen können? Auch, wenn es Ihnen einmal schlecht geht? Dann steht es mit Ihrem Königreich schon ganz gut.

Aber, wie sollte Ihr Königreich genau aussehen? Wer gehört dazu, wer eher nicht?

Zuerst machen Sie einmal eine konkrete Bestandsaufnahme, dafür teilen Sie ein Blatt Papier in zwei Hälften ein und notieren auf der einen Seite Menschen, die Ihnen gut tun und auf der anderen, wer Ihnen nicht gut tut.

Hoffentlich haben Sie eine lange Liste mit Personen, die Ihnen gut tun und die in Ihrem Freundeskreis sind und nur ein paar wenige, die Ihnen nicht gut tun.

Und jetzt überlegen Sie, wie Sie diejenigen, die Ihnen nicht gut tun am besten ganz aus Ihrem Umfeld streichen.

Schätzen Sie Ihr Leben

Kennen Sie das: Am Wochenende war eine Familienfeier und Sie sind völlig genervt wieder zurückgekommen. Die ganze Zeit über haben Sie sich überlegt, was Sie stattdessen Nettes hätten machen können.

Am nächsten Tag reden Sie mit Ihrer besten Freundin und die war auch auf einer Feier. Sofort stellen Sie sich nette Leute, spannende Gespräche und ein leckeres Essen vor und denken, es wäre sicher besser gewesen, als Ihre Verpflichtung.

Dies ist ein typisches Problem vieler Frauen, die noch nicht die Königin in sich entdeckt haben. Also sind Sie in guter Gesellschaft. Das heißt aber nicht, dass Sie sich mit dieser Kenntnis zurücklehnen dürfen!

Nicht umsonst heißt es „Das Gras auf der anderen Seite der Weide ist immer grüner." Und warum ist das so, werden Sie vielleicht fragen?

Die Antwort ist ganz einfach: Sie kennen die Nachteile und Macken der anderen Situation nicht, da Sie sie selbst nicht erlebt haben. Es fällt uns prinzipiell leichter, uns die Vorteile und Annehmlichkeiten von Dingen vorzustellen, an denen wir nicht selbst teilgenommen haben, da wir den nötigen Abstand haben.

Nehmen wir die Familienfeier. Was denken Sie über die Feier bei Ihrer Freundin? Ihnen fallen alle positiven Aspekte ein, wie:
Sie trifft viele Verwandte und fördert den familiären Zusammenhalt, alle sind beeindruckt von ihren Fähigkeiten in Job und Familie, sie führt interessante Gespräche und bekommt neue Anregungen etc.

Keinen Gedanken verschwenden Sie daran, dass ihre Freundin vielleicht völlig genervt ist, weil eine Tante sie immer wieder auf ihre Familienplanung anspricht oder die Cousine vielleicht beruflich viel mehr erreicht hat als Sie und damit permanent angibt.

Sie stellen sich das alles nett vor, weil Sie nur die positiven Seiten sehen. Und das können Sie bei sich auch. Und noch einmal: Lernen Sie das, was Sie haben zu schätzen. Denn es ist Ihr Königreich!

Überlegen Sie sich das nächste Mal schon vorher, worauf Sie sich freuen. Es gibt sicher einen Verwandten, mit dem Sie sich gut verstehen und auf einer Wellenlänge liegen. Und einen, den Sie beruflich oder auf die Familie bezogen sehr wertschätzen. Stellen Sie sich im Vorfeld vor, wie Sie mit diesen Personen interessante Gespräche führen, die Sie weiterbringen. Überlegen Sie sich nach einem solchen Treffen, was alles schön und gut war an dem Tag und legen Sie darauf Ihr Augenmerk und nicht auf die schlechten Dinge.
Umgekehrt können Sie die „andere Seite" leicht entmystifizieren, indem Sie sich vorstellen, was bei ihrer Freundin alles nicht so schön gewesen sein kann.

Pflegen Sie die Kontakte zu Familie und Freunden. Und denken Sie daran: Übung macht den Meister!

Füttern Sie gute Glaubenssätze

Sie sind Königin. Gut. Das können Sie sich von morgens bis abends stumpf aufsagen, bei allem, was Sie tun. Und es wird seine Wirkung haben. Wenn Sie noch mehr erreichen wollen, dann füttern Sie Ihre Fantasie.

Sie sind bei diesem Kapitel angekommen und haben eine Ahnung davon bekommen, dass die Welt genauso ist, wie Sie sie wahrnehmen. Und Sie wissen, dass in Ihnen eine Königin steckt. Gut. Damit Sie dauerhaft etwas davon haben, müssen Sie sich die Welt mit königlichen Augen ausmalen.

Sie sind eine Königin und alles Gute, das Ihnen passiert, haben Sie auch verdient!

Zum einen muss auch ich als Königin das Leben annehmen. Das heißt manchmal, dass Dinge passieren, die mir im Augenblick nicht passen oder mich verletzen. Aber auch wenn es gerade nicht nach meiner Nase geht und die Welt sich gegen mich verschworen hat, bin ich eine Königin.

Auch wenn ich von meinen Mitmenschen gerade nicht so behandelt werde. Das heißt nur, dass derjenige meist selbst ein Problem hat. Trotzdem bin ich eine Königin.
In so einer Situation bringt es nichts, sich über mein Gegenüber aufzuregen. Unhöfliche und ignorante Menschen kann es immer wieder geben. Gerade denen sollte ich als Königin so souverän und offen gegenübertreten, dass ich ihnen für ungerechtfertigte Angriffe den Wind aus den Segeln nehme.

Königin zu sein heißt, davon auszugehen, dass ich etwas Gutes verdient habe.

Und das Gute kommt nicht unbedingt täglich in Form von Dank, Lob und Respekt von außen. Manchmal ist sogar tagelang nicht davon auf den ersten Blick für mich zu spüren. Kein Grund, sich jetzt wertlos oder weniger königlich zu fühlen. Denn dieses Gefühl können Sie sich auch selber verschaffen und so Ihr Selbstbewusstsein unabhängig von den Gesten anderer Menschen stärken.

Denn eine Königin ist man nicht nur, wenn andere einen als solche erkennen, sondern sein Leben lang. Auch, wenn Sie alleine sind, deprimiert, enttäuscht oder traurig.

Auch eine Königin kennt diese Gefühle. Und sie weiß, dass diese zum Leben gehören. Da sie sich königlich um sich selbst kümmern kann, hört sie in sich hinein und nimmt ihre Gefühle bewusst wahr. Sie lässt sie zu und akzeptiert, dass es ihr gerade nicht gut geht.
Das ist manchmal gar nicht so einfach.

Wenn Sie down sind, dann sollten Sie überlegen, warum. Dabei werden Ihnen Sätze in den Sinn kommen, wie „alles geht schief bei mir", „ich bin eben kein Glückspilz" oder so ähnlich. Schreiben Sie das auf, was Sie denken und dann suchen Sie drei Argumente, die diese negativen Gedanken entkräften.

Wenn Sie vor einem Bewerbungsgespräch denken „den Job bekomme ich nicht, weil andere viel besser sind", dann suchen Sie sich Argumente, die dafür sprechen, dass Sie die Stelle bekommen. Sie haben schon einmal einen Job bekommen? Es gibt andere in Ihrem Freundes- oder Bekanntenkreis, die viel bessere Jobs mit viel weniger Erfahrung und Know-how bekommen haben? Das können Sie auch.

Akzeptieren Sei Ihre Mutlosigkeit und negativen Gedanken und seien Sie gut zu sich, wie zu Ihrer besten Freundin.

Dadurch, dass sie das Leben und ihre Gefühle annimmt, wie sie gerade sind, gibt sich die Königin seelische "Streicheleinheiten". Sie nimmt sich Zeit für sich selbst, nimmt wahr, gibt sich keine Ratschläge oder versucht, etwas zu ändern, sondern spürt in sich hinein. Das alleine führt schon dazu, dass die unangenehmen Gefühle sich langsam auflösen und weiterziehen. Sie hält sie nicht fest, sondern lässt sie ziehen, voll Vertrauen darauf, dass wieder schönere Gefühle folgen werden.

Erst im zweiten Schritt betrachtet sie die Situation, aus der diese unangenehmen Gefühle kamen. Manchmal stellen wir dann fest, dass wir - beabsichtigt oder unbeabsichtigt - gekränkt worden sind. Oder enttäuscht, beleidigt oder übergangen

Eine Königin ortet erst ihre Gefühle und dann reagiert sie auf die Situation. Königlich. Das heißt, eine Beleidigung wird selbstbewusst zurückgewiesen. Das Recht wird eingefordert und etwas getan, um das zu bekommen, was wir brauchen um uns wieder gut zu fühlen.

Doch Vorsicht. Manchmal ist es besser, einen kühlen Kopf zu bewahren und es auszuhalten, wenn ein geliebter Mensch böse auf uns ist oder etwas nicht von uns bekommt und deswegen mit schlechter Laune oder Liebesentzug straft.

Denken Sie an den Gesamtzusammenhang der Dinge

Fragen Sie sich manchmal: „Warum stehe ich hier? Warum

bin ich nicht beruflich oder privat so erfolgreich wie XY?"
Das ist zwar wenig königlich, aber menschlich.

Denken Sie immer daran, dass der Punkt, an dem Sie heute
stehen ein Resultat aus dem ist, was Sie vorher gedacht und
in Folge dessen auch getan haben.

Fragen Sie sich, warum Sie nicht Model wie Claudia Schiffer
sind? Und keinen süßen Sohn namens Caspar haben?
Ganz einfach: Sie haben sich höchstwahrscheinlich nicht bei
Model-Agenturen beworben, sind nie das Risiko
eingegangen, abgelehnt zu werden. Oder? Wenn ja, dann
haben Sie vielleicht einfach zu früh aufgegeben. Oder Sie
haben festgestellt, dass ein Leben als Model in Wirklichkeit
doch nicht so schön ist, wie Sie sich es vorgestellt haben
und haben von sich aus Ihre Karrierepläne geändert.

Egal, wo Sie stehen. Egal, was Sie sind. Alles ist ein Resultat
Ihrer Denkweise und Ihrer Annahmen über das Leben.
Haben Sie eine komplizierte Beziehung? Oder sind
unglücklich verliebt? Schauen Sie nicht darauf, was der
andere vielleicht anders machen sollte, damit es Ihnen
besser geht. Schauen Sie auf Ihre Art, wie Sie die Umstände
betrachten und was Sie vom Leben erwarten.
Sie werden erstaunt sein, wie klar Ihnen plötzlich einiges
wird.

Entscheidend sind nicht die Umstände, sondern das, was
wir über die Umstände denken.
Wenn Sie immer davon ausgehen, dass Sie eine gute Mutter,
Geschäftsfrau oder was auch immer sind, dann werden Sie
auch dazu. Weil Stolpersteine auf dem Weg Sie nicht
aufhalten können.

Sie sehen bestimmte Ereignisse, an denen andere hadern, in
einem ganz anderen Licht und nutzen diese für sich.

Probleme sind für Sie Herausforderungen, an denen Sie wachsen. Und weil Sie wissen, dass Sie gut sind, werden Sie auch gut sein.

Und dafür ist es ganz wichtig, dass Sie in Gesamtzusammenhängen denken. Betrachten Sie das, was Sie erleben, nicht isoliert. Besonders Ereignisse und Umstände, die bei Ihnen negative Gefühle oder sogar Minderwertigkeitskomplexe auslösen.

Dies ist ein typisches Frauenproblem und damit stehen Sie nicht alleine da. Das ist aber keine Entschuldigung, sondern ein Ansporn, das zu ändern.

Viele nicht-königliche Frauen verbuchen ihre Erfolge als Zufall und schreiben ihr Scheitern und ihre Probleme sich selber zu. Sie denken, sie wären einfach nicht gut genug.

Das ist nicht nur völliger Unsinn, sondern mit solchen Denkweisen demoralisieren sie sich so lange, bis sie sich selber völlig klein und wertlos vorkommen.

Ein Beispiel. Sie sitzen im Büro. Und Sie haben eine wichtige Statistik vorbereitet. Ihr Chef oder Ihre Chefin nimmt diese Zahlen, baut darauf ein Konzept zur neuen Unternehmensausrichtung auf und entwickelt eine neue Geschäftsstrategie.

Alles richtet sich auf diese Zahlen aus. Und dann stellt irgendjemand fest, dass die Summenzeichen im Computerprogramm falsche Werte addiert haben und die Zahlen schlichtweg falsch sind.
Abgesehen davon, dass Ihnen dieser Fehler in Realität und als Königin nicht unterlaufen würde, weil Sie eben immer nach dem Königin-Prinzip handeln und schon längst mit den Fachbereichen Rücksprache gehalten hätten, ob sich diese Zahlen mit deren Eindrücken und Erfahrungen

decken. Sie hätten daraufhin die Zahlen sowieso noch zur Prüfung verschickt und alle Endergebnisse geprüft. Denn Sie sind niemand, der alleine im stillen Kämmerlein völlig losgelöst von der Realität arbeitet, sondern das Wissen und die Fachkompetenz der anderen nutzt und zu schätzen weiß. Außerdem betrachten Sie das, was Sie tun mit gesundem Menschenverstand und mit Abstand, so dass Ihnen diese falschen Zahlen aufgefallen wären.

Trotzdem. Stellen wir uns vor, dieser Fehler ist irgendwie doch passiert.

Und nun? Ein Donnerwetter geht auf Sie nieder. Wenn Ihr Chef Sie zu schätzen weiß, eventuell auch nicht, aber, wer weiß? Auf jeden Fall fühlen Sie sich unheimlich schlecht und ärgern sich über sich selbst.

Das ist verständlich. Aber Sie denken nicht, dass Sie versagt haben, dass diese Aufgabe eine Nummer zu groß für Sie war und das es klar war, dass Sie es falsch machen. Sie wundern sich nicht, warum man Ihnen überhaupt diesen Posten gegeben hat und fangen auch nicht an, sich herauszureden und zu rechtfertigen.

Nein. Denn Sie sehen den Gesamtzusammenhang, in dem dieses eine Ereignis zu sehen ist.

Sie wissen, dass Sie gut sind. Sie wissen, dass selbst guten Leuten Fehler unterlaufen können. Auch Königinnen, denn auch wir sind Menschen.

Sie wissen, dass nicht Sie oder Ihre Arbeit grundsätzlich schlecht ist, sondern Ihnen, die gut ist, ein Fehler unterlaufen ist. Und der ist dazu da, aus ihm zu lernen.

Denn: Nur der ist ein Narr, der den gleichen Fehler zweimal macht.

Und deswegen fangen Sie an zu überlegen, wie Sie in Zukunft dafür sorgen können, dass so etwas nicht noch einmal passiert.

Ist der Fehler nicht Ihnen passiert, sondern einer Kollegin oder sogar einem Mitarbeiter, dessen Vorgesetzte Sie sind? Suchen Sie nicht nach dem Schuldigen. Solange Sie etwas mit der Sache zu tun hatten, hätten Sie auch die Möglichkeit gehabt, diesen Fehler zu entdecken.

Reden Sie sich nicht raus, denn Sie müssen nicht fehlerfrei und perfekt sein, um eine Königin zu sein.

Erklären Sie deutlich, dass Ihnen/Ihrem Team/etc. ein Fehler unterlaufen ist. Dass Sie sich dafür entschuldigen, dass es Ihnen Leid tut, wie auch immer. Und dann erklären Sie deutlich, wie Sie in Zukunft derartige Fehler vermeiden können und handeln Sie auch danach.

Erkennen Sie an, dass derjenige, der den Fehler entdeckt hat, etwas Gutes getan hat. Denn er hat durch seine Aufmerksamkeit den Anstoß gegeben, dass Maßnahmen ergriffen werden, damit so ein Fehler nicht ein zweites Mal passieren kann.

Fangen Sie bloß nicht an, irgendetwas zu vertuschen, um gut dazustehen! Das haben Sie nicht nötig und Sie tragen die Konsequenzen für Ihr Handeln und auch für Ihre Fehler.

Stecken Sie nicht den Kopf in den Sand. Zweifeln Sie nicht an Ihrer Person.

Seien Sie konstruktiv und verbessern Sie dabei gleich Ihr Vorgehen und die Abläufe, um so etwas in Zukunft zu vermeiden.

Denn jeder Fehler bringt Sie weiter und hilft Ihnen, noch besser zu werden.

Ein aufgedeckter Fehler ist besser als einer, von dem Sie nichts wissen und mit dem Sie weiterarbeiten. Und die Welt dreht sich trotzdem weiter.

Aber nicht nur in solchen Situationen behalten Sie den Blick für den Gesamtzusammenhang, in dem ein Ereignis zu betrachten ist.

Auch bei allem anderen. Denn Sie wissen: Egal, was passiert, die Welt geht davon nicht unter. Darauf können Sie vertrauen.

Sie glauben mir nicht? Denn Sie haben gerade das Gefühl, alles läuft schief? Ihr Freund oder Mann hat Sie verlassen, im Job läuft es schlecht und Ihre hat Waschmaschine den Geist aufgegeben und eine neue ist so teuer?

Ich will Ihnen jetzt nicht einreden, dass Sie sowieso einen besseren Mann finden, der Job eh nichts für Sie ist und die neue Waschmaschine gleich vom Himmel vor Ihre Tür fällt. Denn das würde Ihnen wenig helfen.

Was Sie jetzt tun müssen, ist sich ein Bild darüber zu verschaffen, wie Sie diese Ereignisse in Ihr bisheriges und zukünftiges Leben einordnen können.

Dafür ist es wichtig, dass Sie erst einmal akzeptieren, dass das Leben im Augenblick einfach so ist, wie es ist. Auch wenn es Ihnen im Augenblick unerträglich erscheint, nehmen Sie es an. Bewusst. Akzeptieren Sie, dass es Ihnen nicht gut geht. Das Sie verlassen worden sind, dass Ihnen vielleicht bald gekündigt wird oder Ihr Job sonst wie schlecht läuft und dass Sie Bedürfnisse haben, die Ihr Budget zu übersteigen scheinen.

Nehmen Sie sich etwas Zeit, um alle die Eindrücke und Gedanken wirken zu lassen.

Und dann legen Sie los (am besten mit Papier und Stift).

Ihre ideale Zukunft ist Ihnen ja bereits bekannt. Nehmen wir mal an, es ist genau das Gegenteil von der Situation, in der Sie gerade stecken. Denn sonst würde es Ihnen ja gut gehen.

Also ist Ihr Ziel, jetzt einmal extrem vereinfacht dargestellt, einen Partner zu haben, einen Job, der Ihnen Spaß macht und genügend Geld für eine neue Waschmaschine.

Jetzt haben Sie nichts von alledem. Das macht aber nichts, denn trotzdem haben Sie genug, um weiterzuleben. Luft zum Atmen, andere Freunde und Familie und Geld, um sich etwas zu essen zu kaufen.

Alle anderen Dinge sind nur ein vorübergehender Mangel.

Vertrauen Sie darauf, dass Sie es wert sind, geliebt zu werden und das ganz bald ein passender Partner zu Ihnen kommt. Egal, ob das jetzt der alte ist, der Sie wieder zurückhaben will, oder ein neuer. Klammern Sie sich nicht an Ihren Ex. Lassen Sie ihn los. Entweder, er ist Ihr persönlicher König und will und liebt Sie so, wie Sie sind, oder es kommt etwas Neues. Laufen Sie ihm nicht hinterher. Überlegen Sie sich, was Sie in Zukunft gerne hätten und visualisieren Sie sich Ihren Traummann. Wenn Sie an Ihrem Ex hängen, dann wird es Ihnen schwer fallen, die ganzen tollen Gelegenheiten und Situationen zu sehen, bei denen Sie Ihren König erkennen könnten.
Machen Sie sich klar, dass Sie auf Dauer Liebe verdient haben. Vertrauen Sie darauf, dass es mit einem anderen klappen wird. Seien Sie bereit dafür, jemanden neuen in Ihr Leben zu lassen und malen sich in allen Details aus, wie schön es wird. Geben Sie der Person in diesen Phantasien kein Gesicht. Schon gar nicht von Ihrem Ex oder von einem anderen Schwarm.

Ihre jetzige partnerlose Situation ist nur eine Vorstufe für etwas ganz Tolles und Aufregendes, was bald auf Sie zukommt. Also betrachten Sie es auch so.
Sehen Sie das Positive daran. Denn, keinen Freund oder Mann zu haben hat für sie jetzt mehrere Vorteile, unter anderem gibt es Ihnen Zeit, an Punkt zwei zu arbeiten. Dem Job.

Vielleicht wird Ihnen gerade jetzt klar, dass Sie schon eine ganze Weile ziemlich unzufrieden mit Ihrem Job sind. Aber vielleicht viel zu bequem waren, um etwas an der Situation zu ändern.

Das ist zwar wenig königlich, aber jetzt haben Sie gedanklichen Freiraum und Zeit, um sich darum zu kümmern. Tun Sie es, verschwenden Sie jetzt keine Zeit, denn Ihr König steht schon fast vor Ihrer Tür und bin dahin wollen Sie doch Ihren Job wieder ans Laufen gebracht haben, damit dann alles automatisch weiter läuft.

Deswegen stellen Sie sich jetzt bitte noch einmal vor, wie Ihr Traumjob aussehen sollte.

Und wo stehen Sie jetzt? Hätten Sie gerne mehr Verantwortung und Geld? Dann fangen Sie an, alle Herausforderungen in Ihrem Job anzunehmen, die sich dafür bieten.

Stellen Sie unter Beweis, was Sie können und nutzen Sie das Expertenwissen Ihrer Kollegen.

Trotzdem kein Erfolg? Dann wechseln Sie das Unternehmen oder die Abteilung. Denn nur weil Ihre Talente nicht erkannt, gefördert und auch angemessen bezahlt werden heißt das nicht, dass Sie diese nicht haben sondern nur, dass Sie noch nicht von Ihren Chefs erkannt worden sind.

Bei der Gelegenheit pokern Sie gleich um mehr Geld, damit Sie sich bald eine neue Waschmaschine kaufen können.

Bis dahin leben Sie entsprechend Ihren finanziellen Möglichkeiten. Kaufen Sie sich nichts Neues auf Kredit in Erwartung dessen, dass sich Ihre Genialität und königliche Einzigartigkeit bald auszahlt. Das heißt, freuen Sie sich auf die neue Waschmaschine, visualisieren Sie sie und wenn Sie bis dahin unbedingt eine brauchen, dann kaufen Sie diese gebraucht für 50 Euro im Kleinanzeiger, vom Schwarzen Brett im Kaufhaus, bei eBay oder in einem anderen Auktionshaus.

Seien Sie offen für Zufälle

Denn Zufälle sind das Salz in der Suppe des königlichen Lebens. Eine Königin verplant nie den gesamten Tag im Minutentakt, sondern lässt immer Raum für zufällige Begegnungen und Ereignisse. Denn Zufälle bringen uns weiter im Leben und sie passieren so zufällig, dass man manchmal schon glaubt, hinter ihnen steckt eine gewisse Gesetzmäßigkeit.

Ist Ihnen das nicht auch schon einmal passiert, dass Sie unbedingt etwas wollten, einen neuen Job, eine Reise, eine neues Hobby und Sie wussten nicht, wie Sie den ersten Schritt in die neue Richtung tun sollten. Sie schlendern so mir nichts dir nichts an einem Buchladen vorbei und entdecken dabei „zufällig" ein Buch zu dem Thema. Oder Sie sind auf eine Party eingeladen und kommen zufällig mit einem anderen Gast ins Gespräch, der zufällig jemanden kennt, der genau die Position in seiner Firma gerade zu besetzen hat, die Sie gerne hätten.

„Was für ein Zufall" denken Sie in diesem Augenblick. Da fällt Ihnen genau das zu, was Sie gerne hätten.

Und solche Zufälle können Sie nur erleben, wenn Sie nicht stur von einem Termin zum nächsten hetzen und sich keine Freiräume nehmen. Denn diese ganzen schönen und angenehmen Zufälle schwirren den ganzen Tag um uns herum. Wir müssen Sie nur auffangen und dafür brauchen wir ein wenig Luft.

Wenn Sie im Hier und Jetzt leben und die Ratschläge aus dem vorherigen Abschnitt befolgen, dann sind Sie offen für die Zufälle und Chancen, die das Leben Ihnen bietet.

Lieben Sie Ihr Äußeres

Sehen Sie gut aus! Denn Sie sind eine Königin und müssen jeden Augenblick damit rechnen, im Rampenlicht zu stehen. Sie müssen kein Model sein, um die Aufmerksamkeit auf sich zu lenken. Wichtig ist, dass Sie das Beste aus sich machen.

Schön sein heißt sich pflegen und den eigenen Typ zu unterstreichen. Sie wissen nicht, wie Sie das anstellen können? Schauen Sie in Frauenzeitschriften. Dort gibt es zahlreiche "vorher-nachher" Artikel mit Frauen, denen es genauso wie Ihnen ging. Aber passen Sie auf. Manchmal dienen diese Aktionen nicht dazu, den Typ zu unterstreichen, sondern nur die größtmögliche Veränderung aus den Teilnehmerinnen herauszuholen. Was Sie wollen, soll aber jeden Tag tragbar sein und Ihnen gefallen. Denn Sie sollen sich wohlfühlen. Nehmen Sie eine Freundin mit zum nächsten Klamottenkauf oder bestellen Sie sich mit Ihrer Freundin etwas aus Versandhaus-Katalogen und machen Sie eine Modenschau zu Hause.

Beim Make-up gilt: weniger ist mehr. Denn Sie wollen sich nicht hinter einer Kriegsbemalung verstecken, sondern lediglich Ihren Typ unterstreichen.

Sie werden sich deutlich besser und selbstbewusster fühlen, wenn Sie einen gepflegten Eindruck machen. Ein weiterer positiver Nebeneffekt – je mehr Sie für sich tun, desto wichtiger nehmen Sie sich und desto königlicher fühlen Sie sich. Bei jedem Blick in den Spiegel straffen Sie Ihre Schultern und selbst in Augenblicken, in denen Sie sich innerlich wenig königlich fühlen, wird Ihr Äußeres Sie daran erinnern, dass Sie es sind.

Die moderne Königin ist in jeder Lebenslage passend angezogen. Deswegen brauchen Sie nicht Ihr Konto überziehen und Ihre Familie in Armut stürzen.

Kleider machen Leute. Dieser Spruch ist so alt wie wahr.

Es kommt auf die Kleidung an, die Sie kaufen. Eine Bluse von H&M oder von Zara kann genauso gut sitzen wie eine 200 Euro-Bluse.

Was sind die wichtigsten Bestandteile für Ihren Kleiderschrank? Eine Königin sollte für jeden Anlass die richtige Kleidung haben und das beginnt bei mindestens zwei Blusen. Eine schlichte weiße und eine andersfarbige Bluse. Keine Applikationen, keine Aufdrucke oder Stickereien. Und, was ganz wichtig ist, die Bluse sollte zwar Ihrer Figur schmeicheln aber keinesfalls zu eng sein. Spannende Knöpfe führen jede weiße Bluse ad absurdum!
Ebenso gehört ein neutraler Hosenanzug oder ein Kostüm dazu. Dabei müssen Blazer-Ärmel bei rechtwinklig nach vorne gestreckten Armen noch immer bis zum Handgelenk gehen, sonst sind sie zu kurz.
Die Hose sollte bis zum Boden gehen, wenn Sie barfuß und gerade stehen. Mit Schuhen getragen hat sie dann genau die richtige Länge.
Sie sind Hausfrau und haben seit Jahren nichts Derartiges besessen? Wenn Sie sich gerade fragen, wozu Sie solch ein Dress im Kleiderschrank haben sollen, kommt hier die Antwort: Es gibt immer wieder Anlässe, bei denen es festlich zugeht. Und es wäre doch schade, wenn Sie dort nicht königlich erscheinen. Sie finden Schlabberpulli und Stretch-Hose in der Oper auch ganz in Ordnung? Klar, und höchstwahrscheinlich sind Sie auch nicht die einzige mit diesem Dress. Aber Sie sind eine Königin und kleiden sich deshalb dem Anlass entsprechend.
Dementsprechend treten Sie auch ab sofort auf.
Auch wenn Sie arbeiten und keinen Kundenkontakt haben, sollten Sie Ihren kuscheligen Lieblingspullover ab sofort zu Hause lassen und sich zurechtmachen. Ihre Kollegen werden es Ihnen danken.

Eine Freundin hatte früher immer zwei Blazer in der Büro-Garderobe hängen, ein Halstuch und einen Kamm. „Für den Notfall", wie sie sagte.

Dieser Notfall waren unvorhergesehene Kundentermine oder Besprechungen mit ihren Vorgesetzten. Sie können es genauso machen – seien Sie für jede Situation gewappnet. Denn im Blazer lässt es sich leichter über eine geforderte Gehaltserhöhung sprechen, als in der bequemen Schlabberstrickjacke. Die sendet die falschen Signale. Ein „ich fühle mich wie zu Hause und benehme mich auch so" sieht kaum ein Chef gerne, auch wenn er es offiziell nicht zugeben würde.

Ein Blazer, oder besser noch Bluse, Hosenanzug oder Kostüm signalisiert „Sehen Sie her. Der Job ist mir wichtig. Ich weiß, dass ich dieses tolle Unternehmen repräsentiere und ich tue auch etwas dafür. Ich ziehe mich besonders gut an und unternehme auch andere Anstrengungen, um gut zu sein."

Ihr Kleiderschrank muss nicht voller neuer Sachen stecken, Sie müssen Sie nur gut pflegen, damit sie lange wie neu aussehen. Machen Sie Bügeln zu Ihrem Hobby!

Und: Ihre Kleidung sollte möglichst farblich zueinander passen und vielfältig kombinierbar sein. Abgerissene Knöpfe, ausgefranste Säume oder aufgeplatzte Nähte werden sofort genäht. Stecken Sie sich ein Hotel-Nähset in Ihre Handtasche. Dieses streichholzbriefchengroße Schächtelchen enthält alles für den Notfall.

Putzen Sie Ihre Schuhe. Nicht umsonst sagt man „Zeig mir Deine Schuhe und ich sage dir, wer du bist." Frauen, die ein königliches Verhalten gar nicht oder nur teilweise an den Tag legen, haben vielleicht ungeputzte Schuhe. Dabei sind gerade die Ihre Visitenkarte. Einige Menschen leben nach dem Motto „außen Hui innen Pfui" und das kann man spätestens an den Schuhen erkennen.

Denn Ihr gegenüber wird gerade bei ansprechendem Äußerem auch einen Blick auf die Schuhe werfen. Dreck oder Schneeränder dürfen nicht sein! Sie müssen nicht alle paar Wochen neue Schuhe kaufen. Kaufen Sie sich lieber Schuhcreme und Schuhspanner, das hält sie in Form.

Es ist nicht entscheidend wo Sie kaufen, sondern was Sie kaufen. Gehen Sie ruhig zu modisch-günstigen Kaufhäusern wie H&M. Überall gilt: Achten Sie auf Qualität und Pflegeanleitung. Ein Pullover von H&M kann genauso hochwertig sein, wie der aus der Edel-Boutique gegenüber. Manchmal sind sie sogar in der gleichen Fabrik gefertigt. Also lassen Sie sich nicht von teuren Kaufhäusern verblenden, wenn Sie es sich nicht leisten können. Auch dort ist nicht alles so hochwertig, wie der Preis es vermuten ließe. Sie können auch bei Schlussverkäufen oder in Outlets Schnäppchen machen, die sich lohnen. Gerade dort, wo die Kleidung der letzten Saison verkauft wird, kann man häufig Schnäppchen finden. Basics wie Blusen, schlichte Büro-Hosen oder Blazer sind selten so ausgefallen, als dass man sie nicht noch ein paar Jahre tragen könnte, ohne unmodisch zu sein.

Dass Sie höchstwahrscheinlich nicht zu denjenigen Königinnen gehören, die Ihre Garderobe nach einmaligen Tragen zu einem guten Zweck versteigern können, macht überhaupt nichts. Behalten Sie die Sachen im Schrank und tragen sie, so oft Sie wollen. Aber für sie gilt der gleiche Grundsatz: Tragen Sie nie genau das gleiche Outfit mehr als einmal zu offiziellen Anlässen. Damit meine ich nicht, dass Sie Ihre Abendgarderobe nach einmaligen Tragen ganz hinten in den Schrank verbannen oder umschneidern lassen sollen.

Tragen Sie es ruhig öfter, aber jedes Mal anders kombiniert. Ändern Sie die Accessoires wie Stola, Schmuck, Schuhe, Frisur, Abendtäschchen und lassen Sie Ihre Kleidung dadurch anders wirken.

Gerade bei Zweiteilern mit Rock und Oberteil, ist dies nicht schwer: kombinieren Sie den Rock jedes Mal anders. Sie werden überrascht sein, wie unterschiedlich ein und dasselbe Kleidungsstück wirken kann, wenn es je nach Anlass mit einem engen roten Top oder einem schwarzen, hochgeschlossenen, ärmellosen Seidenrolli wirken kann.

Pflegen Sie Ihren Stil und zeigen Sie, dass Sie besonders sind. Sagen Sie nicht zu allem ja und behalten Sie bei allem eine persönliche Note. Sicher haben Sie irgendetwas, das bei Ihren Freundinnen als für Sie typisch gilt. Ist es der rote Lippenstift oder die Art, wie Sie Ihre Fingernägel lackieren? Oder ist das ihr Hang zu einer bestimmten Farbe bei der Kleiderwahl? Egal was es ist. Behalten Sie es bei, denn es macht Sie unverwechselbar!
Egal was andere dazu sagen. Ändern Sie sich nicht, außer es gibt einen ernsthaften Grund dafür. Und das ist eher selten.

Gehen Sie aufrecht, denn eine Königin erkennt man schon am Gang. Eine Königin geht mit erhobenem Kopf, straffen Schultern locker und aufmerksam. Sie hastet nicht, sie schleicht nicht, sie geht perfekt harmonisch und strahlt dabei Zufriedenheit aus.

Tragen Sie keine zu hohen Absätze, denn damit machen Sie sich Ihren Gang kaputt. Besser sind flache, bequeme Schuhe. Als Königin haben Sie es nicht nötig, sich tagtäglich in enge, spitze Pumps zu zwängen. Das können Sie zu ganz besonderen Anlässen tun, aber für jeden Tag ist das nichts.

Lieben Sie Ihre Figur, denn eine Königin ist nie zu füllig, selbst wenn Sie es vielleicht von sich glaubt. Warum das so ist? Als Königin lieben Sie sich und Ihren Körper und wollen sich etwas Gutes tun.
Also fangen Sie sofort damit an, sich so anzunehmen, wie Sie sind. Stellen Sie sich nackt vor einen Spiegel und sagen Sie sich „Ich bin eine Königin und ich liebe mich so, wie ich bin."

Nehmen Sie Ihre Mahlzeiten bewusst wahr. Setzen Sie sich an einen Tisch und lassen Sie sich durch nichts vom Essen ablenken. Das Prinzip „Machen Sie nur eine Sache auf einmal" gilt auch hier. Während Sie essen, legen Sie alle Zeitschriften bei Seite. Telefonieren Sie nicht. Schauen Sie kein Fernsehen und reden Sie möglichst wenig.

Suchen Sie sich feste Plätze für das Essen, damit Sie verschiedene Reize nicht vermischen. Z. B. im Büro essen Sie nicht am Schreibtisch, damit der Reiz „Arbeit = am Schreibtisch sitzen" nicht mit dem Essensreiz vermischt wird.

Klingelt das Telefon? Lassen Sie es klingeln oder bitten Sie den Anrufer, es später noch einmal zu probieren.

Essen Sie regelmäßig drei Größere und zwei Zwischenmahlzeiten. Möglichst zur gleichen Zeit. Wenn Sie zwischendurch Hunger haben, dann vertrösten Sie sich auf die nächste Mahlzeit. Ist der Hunger groß, kann diese auch etwas größer ausfallen. Aber hören Sie vor dem Essen in sich hinein, wie viel Hunger Sie haben und essen Sie nicht ständig aus Langeweile oder Gewohnheit, das macht dick.

Wählen Sie das, worauf Sie Hunger haben und integrieren Sie Obst, Gemüse und Vollwertprodukte in Ihren Speiseplan. Denn ein ausgeglichener Blutzuckerspiegel trägt stark zum Wohlbefinden bei und vermeidet Heißhungerattacken.

Nehmen Sie bewusst wahr, was Sie essen. Schmecken Sie, kauen Sie jeden Bissen gut durch und schlingen Sie nicht.

Essen Sie, worauf Sie Hunger haben. Ihr Körper sagt Ihnen, was er möchte. Wenn Sie gerne ein Eis essen möchten, dann tun Sie das! Denn alles, was Sie sich verbieten, versuchen Sie höchstwahrscheinlich durch doppelt so viele Kalorien mit anderen Lebensmitteln zu kompensieren und haben danach noch immer Hunger auf das Eis.

Essen Sie es lieber gleich und genießen es!

Haben Sie Heißhunger, obwohl Sie eigentlich satt sein

müssten? Essen ist in diesem Fall eine Ersatzhandlung! Machen Sie erst die beschriebene Atemübung und schauen Sie, ob der Hunger danach noch da ist.

Seien Sie aber nicht zu streng mit sich – Schokolade ist einfach etwas Wunderbares. Bloß genießen Sie das auch.

Für viele Frauen ist Essen eine Ersatzhandlung. Sie haben andere Bedürfnisse, die Sie nicht wahrnehmen wollen und flüchten sich so in übermäßiges Essen. Wenn Sie zu dieser Sorte gehören, wird Ihnen das im hier und jetzt Leben sicher helfen zu spüren, ob Sie Hunger haben, oder ob es um etwas anderes geht. Aber zögern Sie nicht und setzen Sie sich mit Ihrem Problem anhand von Gesprächsgruppen, Selbsthilfebüchern und Therapien auseinander. Denn es ist Ihr Leben und es sollte nicht durch solche Stolpersteine schwieriger sein, als es in Wirklichkeit ist.

Wenn Ihr Partner Ihnen sagt, er findet Sie zu dick (zu unattraktiv, zu unsicher etc.) und sich über Sie herablassend äußert, beenden Sie die Beziehung! Sofort. Wenn er Sie nicht so liebt, wie Sie sind, wird er es auch nicht tun, wenn Sie dünner (attraktiver, sicherer etc.) sind. Einzige Entschuldigung: Er findet Sie nicht zu dick sondern er leidet darunter, dass Sie unzufrieden mit sich sind. In diesem Fall reden Sie mit ihm und bitten Sie ihn um Unterstützung. Dann sind Sie auf dem richtigen Weg.

Gerade die Anforderungen von außen sind es, die viele Frauen davon abhalten, sich wirklich wie eine Königin zu fühlen und so zu handeln.
Sie werden dazu erzogen, bescheiden, anpassungsfähig und zurückhaltend zu sein. Das widerspricht aber der Natur des Menschen und führt dazu, dass Sie sich nicht frei entfalten können. Und nur wer frei ist und sich nicht übermäßig von den Wünschen und Bedürfnissen anderer abhängig macht, kann sich auch wie die fühlen, die Sie ist. Alle anderen sind

wie Rapunzel. Eingeschlossen in einen Turm und dazu verdammt darauf zu warten, dass jemand zu Ihnen kommt um Sie zu retten und zu versorgen, statt sich selber zu retten.

Das unterdrückte Freiheitsbedürfnis kommt dann oft an anderer Stelle zum Vorschein. Ein gutes Beispiel dafür ist das Essen.

Denn die verlorene Freiheit versuchen viele wieder gutzumachen, in dem sie anfangen, die Bereiche, in denen sie sich ungestört bewegen können, zu kontrollieren oder diese als Ersatz zu gebrauchen.

Übermäßiges essen und übermäßiger Hunger sind in vielen Fällen, wenn die Ursache keine körperlichen Gründe hat, der Hunger nach Leben.

Hunger auf Süßes ist Hunger darauf, das Leben zu versüßen. Hunger auf Salziges ist oft der Hunger auf „das Salz in der Suppe". Auf etwas Spannendes, Neues.

Sie sind eine Königin. Das ist schon schön genug. Versuchen Sie nicht auch noch, perfekt sein zu wollen. Denn das ist völlig kontraproduktiv.

Ist es Ihnen auch schon einmal so gegangen: Sie sind davon ausgegangen, für einen bestimmten Job, ein Bewerbungsgespräch, einen Termin, einen Mann etc. alles perfekt vorzubereiten und mal alles, alles perfekt zu machen. Und dann .... hat jemand anderes „den Zuschlag" bekommen. Und der oder diejenige war durchaus weniger perfekt, als Sie es waren?

Denken Sie nicht, Sie müssten das nächste Mal noch mehr für Ihren Perfektionismus tun. Denn das kann zu einem Bumerang werden. Keiner bekommt irgendetwas im Leben, weil er perfekt und fehlerfrei ist. Denn das wäre unnatürlich und unmenschlich.

Perfektionismus gehört genau wie das übermäßige Beschäftigen mit dem Essen zu dem Grundproblem vieler

Frauen. Sie denken, besonders gut sein zu müssen und das heißt, unbewusst gehen sie davon aus, es nicht so zu sein, wie sie sind.

Dabei sind sie perfekt! Und einzigartig. Genauso, wie sie sind.

Und das strahlen Sie als Königin auch aus. Wenn Sie selbstbewusst zu Ihren angeblichen Schwächen und Fehlern stehen und darüber mit Humor hinwegsehen, dann tun andere es auch. Wenn Sie etwas an sich nicht mögen und zu ändern versuchen, dann verschwenden Sie kostbare Energie.

Mit dieser Lebenseinstellung werden Ihnen auch andere Menschen sehr positiv begegnen, denn dadurch, dass Sie sich so annehmen und lieben, wie Sie sind, werden andere das auch tun.

Viele Partnerschaften, in denen es kriselt, können dadurch wieder erfüllter und liebevoller werden.

Verwöhnen Sie sich. Eine Königin zu sein ist manchmal nicht einfach. Denn es beinhaltet auch einige Verpflichtungen.
Die größte Verpflichtung dabei ist die, gut zu sich zu sein.
Vor allem anderen, wie Sie sich als Königin anderen gegenüber verhalten steht, dass Sie gut zu sich sind. Immer! Zu jeder Zeit und egal, wie Sie sich gerade über sich selbst ärgern!

Seien Sie emotional

Gehören Sie auch zu den Frauen, die denken, souverän zu sein heißt, immer ausgeglichen zu sein, egal, ob die Situation

Sie bewegt oder nicht? Dann ist jetzt die passende Gelegenheit, um mit diesem Vorurteil aufzuräumen. Eine Königin darf nicht nur ihre Emotionen zeigen, Sie muss es sogar. Das ist eine der obersten königlichen Pflichten. Denn ohne Gefühle wäre unser Leben langweilig und grau.

Immer nur auf Betriebstemperatur zu laufen und sich nie von etwas hinreißen zu lassen, käme schon fast klösterlicher Enthaltsamkeit gleich.

Und vom Klosterleben sind Sie als Königin nun wirklich weit entfernt. Also zeigen Sie, was in Ihnen steckt. Auch, was Ihre Gefühle betrifft.

Fällt Ihnen das schwer? Da sind Sie nicht die Einzige. Viele gewöhnen es sich an, ihre Gefühle zu verbergen, oder gar immer abgebrühter und distanzierter mit ihren Mitmenschen umzugehen und Ereignissen gegenüber gleichgültig zu sein, wenn es nicht gerade besonders schlimme oder schöne Erlebnisse betrifft.

Warum das so ist? Vermutlich eine Art Selbstschutz, denn wer sich nicht im Voraus auf etwas freut und Hoffnungen hat, der kann auch nicht enttäuscht werden. Aber dem entgehen auch die vielen Glücksmomente, die das Leben erst lebenswert machen. Das wissen Sie als Königin natürlich und leben Ihre Gefühle.

Und Sie wissen, wie Sie diese angemessen ausdrücken können. Sie bekommen keine hysterischen Anfälle und Wutausbrüche. Im Allgemeinen sind Sie ein königlich sonniges Gemüt. Und über Kleinigkeiten ärgern Sie sich nicht lange.

Dafür freuen Sie sich umso mehr, wenn es etwas zu freuen gibt. Sie brauchen sich nicht zu verstellen, denn Sie wissen, dass Ihr Bauchgefühl richtig ist und Sie nicht im Stich lässt.

Haben Sie das Gefühl, diese Spontaneität im Laufe der Jahre verlernt zu haben? Dann dürfen Sie gerne spicken: Beobachten Sie Ihre Kinder oder, wenn Sie keine haben, besuchen Sie am Wochenende befreundete Familien mit Kindern. Und dann: spielen Sie mit den Kleinen. Egal, was Ihre Freunde dazu sagen, wenn Sie plötzlich keine Zeit für sie haben.

Freuen Sie sich wie ein kleines Kind, lachen Sie, ärgern Sie sich, sind Sie entrüstet, wenn die anderen unfair sind. Erleben Sie die ganze Palette der Emotionen und nehmen Sie sie mit nach Hause.

Wenn Sie das regelmäßig wiederholen, wird es Ihnen viel leichter fallen, auch vor Erwachsenen offen und frei Ihre Gefühle zu äußern.

Wenn Sie keine Kinder in Ihrer näheren Umgebung haben, dann leihen Sie sich den jungen Hund Ihrer Nachbarin oder spielen Sie mit dem jungen Kätzchen aus Ihrer Straße.

Tiere sind, genau wie Kinder, ein Wundermittel wenn es darum geht, Zugang zu unseren Gefühlen zu bekommen.

Seien Sie nicht verbissen

Sie haben ein Ziel und wissen, wie Ihre königliche Zukunft aussieht.

Gut so! Und jetzt kommt auf einmal dieses tolle Jobangebot und eigentlich wollten Sie doch jetzt beruflich etwas kürzer treten, um sich Ihren Hobbies zu widmen? Kein Problem, denn das Leben ist voller Überraschungen. Haben Sie Lust auf den neuen Job? Spricht sonst nichts dagegen? Dann tun Sie es.

Wenn Sie zu zielstrebig sind, wird Sie das davon abhalten, Ihre Augen für das, was jetzt gerade geschieht offen zu halten und die Zufälle und Chancen des Augenblicks zu nutzen.

Sie können zwar auch Ihr Ziel erreichen, wenn Sie starr darauf starren und alles um Sie herum vergessen. Aber leichter ist es mit dem vorher beschriebenen Weg. Denn oft ergeben sich auf dem Weg dahin viele schöne Zufälle und Gelegenheiten, die Ihnen Ihre Zielerreichung viel einfacher machen.

Es reicht, wenn Sie das Ziel nicht aus den Augen verlieren, der Rest ergibt sich von allein.
Sie können Ihre Hobbies ja auch im Urlaub vertiefen, oder nach Feierabend. Meist reicht es schon, wenn wir ein bisschen für uns machen, um uns wohl zu fühlen. Es muss gar nicht den ganzen Tag sein.

Und irgendwann, vielleicht erst nach ein paar Jahren entdecken Sie auf einmal Dinge durch Ihren Job, die Sie auch in Ihrem Hobby voran bringen. Das können neue Kontakte, die Änderung Ihres Aufgabengebietes oder eine Bekanntschaft auf einer Geschäftsreise sein.

Vergessen Sie nicht: Der Weg ist das Ziel.

Denken Sie immer zuerst an sich

Frei nach dem Motto „Wenn es mir gut geht, geht es auch meinen Mitmenschen gut".

Sie sind Königin, also seien Sie egoistisch. Denken Sie nicht, dass Egoismus etwas Schlimmes ist. Er ist lebensnotwendig.

Gehören Sie auch zu den Frauen, die das nicht so sehen? Damit sind Sie nicht alleine, ein Großteil der Frauen lehnt Egoismus ab. Sie setzen Egoismus und egoistisches Verhalten oft mit Rücksichtslosigkeit gleich.

Dabei meint der Egoismus nur, dass ich auf mich bezogen bin, und das ist eine wichtige Eigenschaft für ein erfülltes königliches Leben.

Egoistisch sein heißt nicht, dass Sie Ihre Familie im Stich lassen sollen, um sich in Afrika selbst zu verwirklichen. Es heißt vielmehr, gut für sich selbst zu sorgen, sich nichts von anderen gefallen zu lassen, die Sie wissentlich und unwissentlich übers Ohr hauen wollen. Egoistisch sein, heißt aufmerksam durchs Leben zu gehen und auf mein Recht zu bestehen.

Egoistisch sein heißt, die Fäden in der Hand zu halten und sich nicht von anderen ausnutzen und missbrauchen zu lassen.

Geben Sie sich selbst nie auf und verleugnen Sie sich nicht!

Das kann bedeuten, dass ab und zu in Ihrer Umgebung privat oder beruflich krachen kann. Aber da Sie bereits wissen, dass Sie eine wunderbare Königin sind, können Sie das aushalten.

Wer egoistisch ist, der muss auch anderen das Recht zugestehen und es sogar schätzen, wenn das Gegenüber es auch ist. Egoistisch sein heißt auch, dass ich andere nicht übervorteilen darf. Respektieren Sie alle Menschen, und die, die ähnlich denken wie Sie, sollten Ihnen besonders am Herzen liegen. Sie sind gleichwertige Partner auf der psychologischen Ebene, von denen Sie sicher noch etwas lernen können und die Ihnen ein Vorbild sein können in Zeiten, in denen Ihnen Ihr eigenes egoistisches Verhalten schwerfällt.

Aber was heißt es nun konkret, sich nicht die Butter vom Brot nehmen zu lassen? Hier kommen ein paar Beispiele:

Sie sind die gute Seele in ihrem Freundeskreis. Und wenn jemand Geburtstag hat, dann sind meist Sie diejenige, die das Geschenk besorgt. Eigentlich haben Sie es schon länger satt und jetzt machen Sie bei der nächsten Bitte zum

Geschenkkauf den Mund auf und sagen vor versammelter Mannschaft, dass das doch ruhig mal jemand anders organisieren kann. Kaum ist es raus, da sehen Sie die betretenen Gesichter und bekommen ein schlechtes Gewissen. Denn keiner meldet sich freiwillig. Und alle gucken Sie an.

Und Sie? Sie wollen nur wieder Ihren Frieden und sind schon drauf und dran zu sagen „O.k. Leute, war ja nur so eine Idee, ich mach's ja schon wenn keiner Zeit hat."

Dann wären sofort alle wieder ganz die alten, keiner wäre länger böse und Sie wären dafür gelobt, dass keiner so gut Geschenke aussuchen kann wie Sie.

Und das wäre so ungefähr das Letzte, was eine echte Königin tun würde! Eine Königin kauft auch Geschenke für gute Freunde, aber sie macht es aus Freude und schätzt ihre eigene Zeit genauso kostbar ein, wie die der anderen.

Eine Königin würde in dieser Situation zu allererst überlegen, ob ihr das Geburtstagskind so wichtig ist, dass sie etwas Persönliches schenken möchte, statt sich an einem Geschenk zu beteiligen.

Wenn sie sich dafür entscheidet, sich bei einem Geschenk zu beteiligen, dann ist sie auch dazu bereit, Zeit für den Kauf zu investieren, wenn es andere auch tun.

D. h. entweder geht man gemeinsam zum Geschenke-Kaufen, oder jeder trägt seinen Teil dazu bei, oder es geht reihum.

Wenn das nicht der Fall ist und alle anderen auch keine Zeit zu haben scheinen, dann ist es keinem so wichtig. Manchmal wirkt auch eine persönliche Frage an alle Beteiligten, warum sie denn keine Zeit hätten. Und irgendeiner sagt dann „ich mach's".

Aber die beste Lösung ist das gemeinsame Geschenke

kaufen. Denn das bringt auch dem Beschenkten die größte Wertschätzung entgegen.

Genau das Gleiche gilt natürlich auch für alles andere. Wenn Sie z.B. mit Ihrem Partner einen Ausflug oder Urlaub planen, dann sollte es selbstverständlich sein, dass Ihre Bedürfnisse genauso erfüllt sein sollen, wie die Ihres Partners.

Sind Sie diejenige, die immer hinten an steht und letztendlich wird das gemacht, wozu Ihr Freund oder Mann Lust hat? Sind Sie vielleicht sogar zufrieden damit nachzugeben, bevor Ihr Freund oder Mann sich eventuell langweilt, damit Sie auf Ihre Kosten kommen?
Dann sollten Sie schleunigst etwas ändern. Bestehen Sie darauf, Ihre Interessen nicht zu kurz kommen zu lassen.
Selbst wenn Sie die ersten Male einen nörgelnden Freund oder Mann neben sich im Kino sitzen haben, der überhaupt kein Interesse an Ihrem neuen Lieblingsfilm hat.
Wenn Sie ihm zuliebe Dinge mitmachen, die Sie nicht unbedingt gerne machen, dann können Sie das gleiche auch von ihm verlangen.
Die Alternative wäre, dass jeder nur noch das macht, was er selber am liebsten mag und beide ihren eigenen Weg gehen. Aber das sollte nicht der Normalfall werden, denn sonst könnten Sie sich schnell auseinanderleben. Machen Sie die Dinge, die beiden Spaß machen zusammen, die anderen mit Ihren königlichen Freundinnen.

Wenn Sie allerdings nur immer diejenige sind, die Kompromisse machen, dann hören Sie damit auf. Nicht von heute auf morgen, denn das würde keiner verstehen oder vielleicht sogar vermuten, Sie hätten sich einer Gehirnwäsche unterzogen.

Machen Sie ein paar erste Schritte. Geben Sie nicht klein bei, wenn es nicht so läuft, wie Sie es sich vorstellen.

Bleiben Sie dran und fühlen Sie sich nicht allzu sehr dazu verpflichtet, ihn auf den Geschmack zu bringen. Wenn er nicht will, dann suchen Sie sich jemanden anderen für Ihre Aktivitäten und lassen Sie ihn in Ruhe.

Entweder es passt mit Ihnen, oder nicht. Und wenn nicht, dann ändert auch die Tatsache, dass Sie sich ihm zuliebe ständig verbiegen und selbst zurückstecken nichts daran.

Egoismus heißt, wissen was man will und etwas dafür zu tun, es zu bekommen.
Und das kann auch heißen, dass Sie die eine oder andere Meinungsverschiedenheit ausfechten müssen. Aber es lohnt sich, schließlich tun Sie es für sich.

Wenn Sie nach dem Königin-Prinzip leben, dann wird es in Ihrer Umwelt gar keine von den vorgenannten Reibereien geben. Denn Sie leben in einer Umwelt, die gar nicht auf die Idee kommen würde, Ihre Bedürfnisse zu ignorieren.

Teil II:

Handeln Sie wie eine Königin

Gerade, wenn Sie Ihre Zeit bis jetzt damit verbracht haben, selbstlos und umgänglich die Bedürfnisse und Sorgen Ihrer Mitmenschen in den Mittelpunkt zu rücken, ist es jetzt Zeit, dass Sie an sich selber denken. Wie Sie das machen?

Bestimmen Sie Ihr Leben selbst

Ihr Handy klingelt. Sie sind beim Essen. Was tun Sie? Am besten klingeln lassen, es sei denn, Sie erwarten einen sehr wichtigen Anruf, der sich nicht aufschieben lässt. Alles andere kann warten.

Viele lassen ihr Leben von äußeren Dingen diktieren. Sie essen, das Telefon klingelt und sie klären dann nebenbei mal eben ein paar Dinge am Telefon. Oder sie machen im Büro Mittagspause und ein Kollege will etwas Ausführliches wissen. Sie helfen „mal eben" weiter. Mit der Konsequenz, dass sie eigentlich keines von beidem richtig gemacht haben, weder gegessen, noch ein vernünftiges Gespräch geführt.

Auch wenn Sie als Frau ja bekanntlich „multitaskingfähig" sind und mit zehn Bällen gleichzeitig jonglieren können, heißt das nicht, dass Sie das auch tun sollten. Denn, alles was Sie nicht von ganzem Herzen und mit voller Konzentration machen, machen Sie nicht richtig.
Und damit ist in Ihrem königlichen Leben ab sofort Schluss.

Sie essen Abendbrot mit Ihrer Familie? Dann tun Sie das auch bitteschön mit vollem Herzen und sind ganz bei der Sache.
Erwarten Sie einen wichtigen Anruf, dann machen Sie es kurz oder bitten Sie den Anrufer, sich später noch einmal zu melden.
Klingelt es an der Tür, gilt das gleiche. Bitten Sie den Gast herein und bieten Sie ihm zu essen an oder sagen Sie ihm,

dass Sie gerade Abendbrot essen.

Sie führen ein wichtiges Telefonat und Ihre Kollegin hat eine Frage? Wenn es nicht „brennt", sagen Sie ihr, dass Sie nach dem Gespräch zu ihr kommen.

Sie sind nicht immer und überall verfügbar. Und das signalisieren Sie auch Ihren Mitmenschen.

Wer genauso selbstbewusst durchs Leben geht, der wird Sie verstehen. Und der Rest kann Ihnen sowieso egal sein. Warum sollten Sie ihre Kollegin zufrieden stellen, wenn die etwas sofort wissen will, was warten kann, wenn Sie selbst dadurch ein unbefriedigendes Telefonat führen, weil Sie gestört werden?

Außerdem ist es nicht besonders wertschätzend dem Anrufer gegenüber, wenn Sie sich nicht voll und ganz auf das Gespräch konzentrieren.

Leisten Sie etwas Besonderes

Eine Königin braucht Selbstbestätigung durch Erfolg. Denn Erfolg ist der Kraftstoff für den Motor des Lebens.

Und woher holen Sie sich diese Glücksgefühle? Das kann sehr unterschiedlich sein. Mal kommt es aus dem Beruf, von der Familie, von Freunden, aus dem Hobby oder woher auch immer.

Und wie kommen Sie in diesen Lebensbereichen zu dem besonderen Kick? Trauen Sie sich etwas! Dann sind Sie unschlagbar. Lassen Sie sich nicht von Alltagssorgen, Regeln und Beschränkungen davon abhalten, kreativ und produktiv zu sein. Hören Sie auf, schon bevor Sie etwas unternehmen und aktiv werden darüber nachzudenken, was Ihr Partner, Ihre Eltern, Ihr Boss, Ihr Pastor oder Ihre Freunde davon halten.

Denn Regeln setzen Grenzen und sorgen dafür, dass Sie in engen Bahnen denken und handeln. Das ist zwar bequem, weil Sie damit relativ sicher vor übermäßiger Kritik und Unzufriedenheit mit Ihrer Leistung sind, aber so richtig glücklich macht es auch nicht.

In der Natur der meisten Menschen liegt es, überwiegend das zu machen, was am wenigsten auf Widerstand stößt. Das ist vielleicht menschlich, aber nicht königlich. Denn das führt dazu, dass Wünsche und Ideen, die jedem von Zeit zu Zeit in den Sinn kommen, unterdrückt werden. Entweder, weil es eine gewisse Kraftanstrengung erfordert, diesen Wunsch in Angriff zu nehmen, oder weil gesellschaftliche Normen dagegen sprechen könnten. Ich schreibe bewusst das „könnten", denn häufig wissen wir gar nicht, ob es wirklich so ist. Häufig reagiert unsere Umwelt viel positiver auf unsere Handlungen, als wir denken. Und das weiß eine Königin und lässt sich deswegen nicht von vermuteten oder realen äußeren Beschränkungen von der Verwirklichung ihrer Wünschen abhalten.

Als Königin leben Sie weitestgehend frei von diesen Beschränkungen und überlegen nicht stundenlang, ob Ihr Tun auch Person X oder Y gefallen würde.
Stellen Sie sich vor, was Sie tun würden, wenn Sie nicht voller gedanklicher Beschränkungen wären. Wenn alles möglich wäre.

Etwas Besonderes und etwas Königliches zu leisten gelingt erst dann, wenn Sie sich bewusst sind, dass es vermutlich anfänglich einige Anstrengung erfordert und sich Ihre Bedenken nicht als Bremsklotz auswirken.

Wenn Sie diese Bremsklötze lösen, dann werden Sie mit Glücksgefühlen, Zufriedenheit und Anerkennung belohnt.

Dabei ist es wichtig, dass Sie ein Hobby oder einen Beruf

haben, den Sie wirklich gerne mögen und Ihre Talente ausleben können.

Denn nur wenn uns etwas richtig Spaß macht und ausfüllt, sind wir auch besonders gut.
Herausragende Leistung bringen wir alle nur, wenn wir etwas tun, das unseren Talenten entspricht und das uns ausfüllt und glücklich macht. Es geht im Leben um Spaß, der uns alles um uns herum vergessen lässt.
Auch wenn das nicht der Fall ist, können Sie Ihren Job oder den Haushalt und die Kinder wirklich gut im Griff haben, geschätzt und gelobt werden, und sich wohl fühlen. Aber Sie werden ein Leben in gleichtöniger monotoner Zufriedenheit verbringen.

Nehmen wir an, Sie können gut mit Zahlen umgehen, analytisch denken und strukturiert arbeiten. Dank dieser Fähigkeiten arbeiten Sie z. B. in der Buchhaltung oder im Controlling. Sie sind vielleicht sogar froh, dass Sie einen Job gefunden haben, in dem Sie Ihre Fähigkeiten so gut einsetzen können.

Aber sind Ihre Talente optimal eingesetzt? Das können Sie leicht erkennen: Vergessen Sie die Zeit, wenn Sie an Ihren Aufgaben sitzen? Denken Sie über Lösungen unabhängig von dem durch die Firma gesteckten Rahmen nach, bevor Sie sich für eine Lösung entscheiden? Haben Sie schon einige Neuerungen in Ihrem Bereich gebracht, um die Abläufe zu optimieren? Verlassen Sie nach Feierabend an den meisten Tagen zufrieden und ausgefüllt Ihren Arbeitsplatz? Gibt es Tage, an denen dies nicht der Fall ist, weil Sie gerade an einem spannenden Thema arbeiten und gerne länger bleiben würden und aufgrund von privaten oder beruflichen Verpflichtungen nicht können?

Wenn Sie mindestens einmal mit „nein" geantwortet haben, arbeiten Sie momentan nicht an einem Thema oder in einem Beruf, der Ihnen hundertprozentig liegt.

Dafür gibt es sicher Gründe, werden Sie jetzt sagen. Sie müssen vielleicht eine Familie ernähren, ein Haus abbezahlen oder haben andere finanzielle Verpflichtungen, denen Sie nachkommen müssen. Und deswegen arbeiten Sie in diesem Job. Weil Sie sich so viele Verpflichtungen geschaffen haben, trauen Sie sich gar nicht mehr, über einen Wechsel nachzudenken.

Wenn Sie jetzt ein Hobby haben, in dem Sie wirklich zu 100% aufgehen und alle oben gestellten Fragen mit „ja" beantworten können, dann haben Sie es geschafft, einen Ausgleich zu finden.

Ist das aber auch nicht der Fall, dann liegt die Vermutung nahe, dass Sie bei dem, was Sie tun, weit hinter Ihren Fähigkeiten zurückbleiben. Trotzdem heißt das nicht, dass Sie Ihren Job schlecht machen. Sie können aufgrund Ihrer Fähigkeiten trotzdem gut sein. Aber es wird Ihnen „das gewisse Etwas" fehlen. Das Gefühl, dass Wissenschaftler auch als den „Flow" bezeichnen. Dieses Glücksgefühl, das uns überkommt, wenn wir mit dem was wir tun absolut im Gleichklang mit der Welt stehen.

Das Gefühl, plötzlich Zugang zu einem universellen Wissen zu haben und etwas läuft einfach von einem Erfolg zum nächsten. Dieses Gefühl entsteht, wenn wirklich alles stimmt. Wir haben dann keine Widerstände in uns, gegen die wir bewusst oder unbewusst ankämpfen müssen.

Auf dieser Wolke möchten wir ewig weiterschweben. Manchen gelingt das sogar ein Leben lang. Anderen nur in bestimmten Augenblicken. Wenn Sie einen Beruf oder ein Hobby haben, in dem Sie öfter dieses Gefühl verspüren, dann sind Sie auf dem richtigen Weg. Dann wird Sie bei dem, was Sie tun, auch etwas Königliches herauskommen. So viel ist sicher.

Wenn Sie jetzt sagen: „Ja, aber ich habe einen Job, der ist ganz o.k. Ich fühle mich gut dabei und habe nichts zu erleiden. Warum soll ich mir über etwas anderes Gedanken machen?" Dann denken Sie daran: Sie müssen sich vor niemandem rechtfertigen oder erklären, außer vor sich selbst. Wenn Sie den Anspruch haben, ein Leben außerhalb der Mittelmäßigkeit zu führen, wenn Sie wirklich die Königin in sich entdecken wollen, dann tun Sie das nicht für andere, sondern für sich.

Wenn Sie unzufrieden sind aber nichts an Ihrer Situation ändern wollen und planen, so weiter zu leben, wie bisher, dann tun Sie das. Aber wundern Sie sich nicht, wenn Sie im Alter auf Ihr Leben zurückschauen und erkennen, was Sie alles aufgrund von Ängsten oder Verpflichtungen verpasst haben und mit Erschrecken feststellen, dass Sie nur einen begrenzten Zeitraum auf der Erde haben, um glücklich zu sein. Selbst wenn Sie an Wiedergeburt oder an das ewige Leben glauben. Warum sollten Sie auf ein tolles Leben und viele gute Gefühle verzichten, wenn Sie sie so einfach jetzt schon haben können?

Nicht jeder ist so mutig, dass er seinen Weg geht. Viele sind damit voll und ganz beschäftigt, die Erwartungen, die Familie, Freunde und Chefs an Sie stellen, zu erfüllen.
Das ist der sichere Weg. Sie riskieren nichts, Sie verlieren meist nicht und können ein einigermaßen zufriedenes Leben führen.
Aber das Gefühl, etwas wirklich Großartiges zu leisten und voll und ganz im Einklang mit der Welt zu leben, das haben Sie nicht.

Wer dauerhaft die Interessen anderer wichtiger nimmt, als seine eigenen, dem droht ein seelischer Ausverkauf.
Je weiter wir uns von unseren ureigenen Talenten entfernen, desto weiter ist auch der Weg zurück zu ihnen.

Vielleicht denken Sie, die eigenen Interessen zu verfolgen, wäre egoistisch oder unweiblich. Aber das Gegenteil ist der Fall. Je mehr Sie Sie selbst sind, desto attraktiver wirken Sie auf andere.

Sich von seinen Talenten leiten zu lassen heißt nicht, dass Sie Ihr bisheriges Leben völlig umkrempeln müssen. Sie müssen höchstwahrscheinlich nicht einmal viel an Ihrem Tagesablauf ändern, um das auszuprobieren.

Es geht hier nicht darum, alle Zelte abzubrechen und ein anderer Mensch zu werden. Es geht darum, sinnvolle und erfüllende Dinge zu tun. Einzigartig zu sein in dem, was Sie tun.

Dazu müssen Sie als erstes an sich und Ihre Talente glauben.

Oder denken Sie vielleicht, Sie haben keine?

Begeben Sie sich auf eine Entdeckungsreise in Ihre Kindheit. Was haben Sie gerne gemacht, als Sie fünf Jahre alt waren? Wie sah es aus, als Sie älter wurden? Versuchen Sie sich zu erinnern und befragen Sie Menschen, die Sie damals schon kannten. Vielleicht haben Sie auch noch die Möglichkeit, Ihre Eltern zu löchern.

Werden Sie nicht mutlos, wenn Sie mit Sprüchen wie „ach, eigentlich hast du alles gern gemacht" oder „ich kann mich nicht mehr erinnern" abgespeist werden sollen. Wenn die befragten Personen nicht an ärztlich attestierten Gedächtnisschwund leiden, lohnt es sich, hartnäckig zu bleiben. Selbst wenn es einiger Überredungskunst und gutem Zureden bedarf. Die Informationen, die Sie dort bekommen, sind sehr wertvoll. Denn als Kind tun wir meist neben den Dingen, die wir für unsere Eltern tun bzw. um Ihnen zu gefallen, jede Menge Sachen, die Spaß machen.

Glauben Sie an sich und suchen Sie Ihre besonderen Begabungen. Denn Sie sind eine Königin und haben jede Menge unentdeckte Talente.

Sie können Bücher lesen, die dazu anregen, ihren eigenen

Weg zu finden wie z. B. von den Autoren Paulo Coelho, Sergio Bambaren oder Barbara Sher. Umgeben Sie sich mit Menschen, die in ihrer Arbeit aufgehen und Spaß am Leben und an dem, was Sie tun, haben.

Denken Sie, vor lauter Arbeit und Familie hätten Sie keine Zeit für Ihre ganz persönliche Talentsuche? Gerade dann sollten Sie unbedingt sofort damit anfangen. Denn gerade in Zeiten, in denen uns Verpflichtungen schier zu erdrücken scheinen, suchen wir uns zum Ausgleich „Zeitpuffer". Das können ausgedehnte Telefonate mit der Freundin, Abende vor dem Fernseher oder das Lesen von leichter und heiterer Literatur sein.

Was haben all diese Tätigkeiten gemeinsam? Sie bringen uns meist nicht weiter, denn sie sind nur dazu gedacht, uns sanft zu berieseln und einzulullen.

Was wäre, wenn Sie stattdessen ein Bild malen, oder wieder anfangen zu singen oder einen Tanzkurs belegen, so wie damals in Ihrer Schulzeit.

Egal was Sie für Talente haben, Sie können diese in kleinen Dosen aktivieren. Keiner zwingt Sie, wenn Sie eigentlich schon immer Sängerin werden wollten, jede Nacht durch Bars zu tingeln und Ihre Kinder und den Mann nicht mehr zu Gesicht zu bekommen.
Fangen Sie in kleinen Schritten an und nehmen Sie sich nicht vor, Ihr ganzes Leben zu ändern.
Nehmen Sie Gesangsunterricht, kaufen Sie sich Notenbücher oder singen Sie Hits oder Operetten im Radio mit.
Sie werden automatisch ein Gefühl von innerer Stärke bekommen, wenn Sie das tun, was Sie glücklich macht. Sie werden sich als das fühlen, was Sie sind – eine Königin. Und das schönste daran: wenn Sie etwas tun, was Ihnen wirklich am Herzen liegt, dann haben Sie damit auch Erfolg.

Waren Sie schon immer gut im Tennis und haben es irgendwann aufgegeben? Nehmen Sie wieder Unterricht. Spielen Sie regelmäßig. Lesen Sie Bücher über die richtige Technik und Taktik. Es wird Ihnen nicht wie eine lästige Verpflichtung vorkommen und wie irgendeine Sportart die man ausübt, um nicht einzurosten. Wenn hier Ihre Talente liegen, das ist es mehr für Sie. Balsam für Ihre Seele. Glück.

Sobald Sie Ihr Ziel bildhaft vor Augen sehen, ist der erste Schritt in die richtige Richtung bereits getan.

Das Schöne daran ist, dass Sie nichts weiter tun müssen, als anzufangen. Und wenn Sie erst einmal den ersten Schritt tun, wird sich der Rest automatisch ergeben.

Wagen Sie etwas Neues. Wenn Ihnen partout kein Hobby oder keines Ihrer Talente einfallen will, dann versuchen Sie in den nächsten Wochen und Monaten, möglichst viele neue Erlebnisse und Erfahrungen zu machen.

Gehen Sie in andere Cafés oder Kneipen als sonst, fahren Sie alleine in den Urlaub oder was Sie auch immer tun wollen, um neue Erfahrungen unterschiedlichster Art zu sammeln. Spätestens dabei lernen Sie sich besser kennen und finden heraus, was Ihnen liegt. Außerdem regen neue Situationen und fremde Länder die Kreativität an und werden Sie unglaublich inspirieren.

Seien Sie mutig und Sie werden reichlich belohnt.

Lassen Sie los

Kennen Sie diesen Spruch? Wenn du etwas unbedingt haben möchtest, dann lass es los. Wenn es zu dir zurückkommt, dann ist es für immer dein. Kommt es nicht, dann hat es auch nie dir gehört.

Königinnen wissen, dass dieses Lebensmotto das einzig wahre ist. Königinnen klammern nicht. Weder an Personen, noch an Gegenständen, Umständen oder Besitz.
Denn sie wissen, dass das Glück auf der Straße liegt. Zu jeder Zeit.

Eine echte Königin lässt los. Alles. Sie haben sich bereits ein königliches Leben bestellt und dann? Lassen Sie Ihre Gedanken los. Machen Sie nicht krampfhaft Pläne, wie Sie dorthin kommen. Halten Sie nicht an allem fest, was Sie an königlichen Dingen schon haben. Lassen Sie dem Leben seinen Lauf. Es meint es gut mit Ihnen, denn Sie sind eine Königin und haben alles Gute verdient.

Darauf vertrauen Sie. Denn das lohnt sich.

Wenn Sie etwas Geliebtes verlieren, dann entsteht dort eine Lücke, die kann sehr schmerzhaft sein. Aber als Königin kommt der Zeitpunkt, an dem Sie erkennen, dass dadurch Platz geschaffen wurde. Platz für Neues. Für etwas Großartiges. Das zwar nicht so sein kann, wie das Alte, aber in den meisten Fällen sogar noch besser und einzigartiger, da Sie es nun mehr zu schätzen wissen.

Eine Königin kann unbesorgt loslassen, denn sie weiß, dass sie der Welt vertrauen kann. Da sie so viel Gutes sät, wird sie auch noch mehr Gutes ernten können.

Auch wenn Sie nicht in jeder Situation Ihren Willen bekommen. Sie als Königin wissen, dass Sie am Ende gewinnen. Denn Sie haben den längeren Atem. Sie geben nicht auf, denn Sie wissen, dass Sie gut sind und nur das Beste verdient haben.

Lassen Sie ruhig andere auch einen Punkt landen. Sonst wäre das Leben ja langweilig. Wichtig ist nur, dass Sie Ihr Ziel nicht aus den Augen verlieren, der Weg dorthin ergibt sich von ganz alleine.

Lassen Sie sich nichts gefallen

Ein weiterer wichtiger Punkt: Sie lassen sich nichts von anderen Menschen gefallen. Das heißt nicht, dass Sie ständig gegen Ihre Umwelt kämpfen müssen, damit Sie zu Ihrem Recht kommen. Ganz im Gegenteil, Sie gehen davon aus, dass alle Menschen Ihnen wohlgesonnen sind. Mit dieser Einstellung gehen Sie auch auf andere zu.

Denn: Wenn Sie nach dem Königin-Prinzip leben, werden Sie wertschätzend und freundlich behandelt. Warum das so ist? Das liegt an Ihrer Ausstrahlung und Präsenz. Jeder, der Ihnen begegnet merkt gleich, dass Sie jemand sind, der andere Menschen mag und offen und freundlich auf andere zu geht.
Und Ihre Umgebung ist der Spiegel Ihres Selbst.

Sollte es Ihnen trotzdem einmal passieren, dass Sie unfair behandelt oder übervorteilt worden sind, sagen Sie das mit Charme und wertschätzend. Sonst fühlen sich gerade unsichere Menschen leicht bloßgestellt und reagieren heftig und abwehrend. Der galante „Wink mit dem Zaunpfahl" dagegen kann von den meisten gut angenommen werden. So kommen Sie zu Ihrem Recht und lassen Ihrem Gegenüber die Möglichkeit, das Gesicht zu wahren.

Manchmal fühlen wir uns übergangen oder übervorteilt, aber hinter unserer Annahme steckt ein verständliches und berechtigtes Verhalten des anderen.

Aber wie machen Sie galant darauf aufmerksam, dass Sie mit etwas nicht einverstanden sind? Wenn Sie sich übergangen fühlen, dann hilft meist schon ein „Insgesamt finde ich das und das gut, allerdings wünsche ich mir noch ..." oder „...insgesamt fehlt mir noch ..."

Das können Sie privat wie beruflich anwenden. Finden Sie, dass Ihre Arbeit vielleicht bei einer Präsentation Ihres Chefs zu wenig gewürdigt wird, dann sagen Sie ihm das so.
Vielleicht gibt es schlüssige und berechtigte Argumente, warum das so ist und Sie verstehen diese auch und finden es letztendlich richtig.

Und wenn das nicht so ist? Dann fordern Sie Ihr Gegenüber auf, Ihnen zu erklären, warum das so ist. Sagen Sie klar, was Sie an dem Verhalten stört und dass Sie so etwas nicht akzeptieren.

Auf Geschrei und Wutausbrüche lassen Sie sich selbstverständlich nicht ein. Weder mit Fremden, noch mit Freunden oder der Familie. Diese Art der Meinungsäußerung bringt Sie nicht weiter. So ein Verhalten löst das Problem nicht, es führt vielmehr dazu, dass die Fronten sich verhärten und Sie oder der andere Dinge sagen oder tun, die gar nicht so gemeint sind und die Sie später bereuen werden.

Also, bewahren Sie Contenance. Bitten Sie den anderen, eine Pause zu machen und drehen Sie eine Runde um den Block oder vertagen Sie die Diskussion auf einen späteren Zeitpunkt. Aber legen Sie gleich einen Termin für ein klärendes Gespräch fest. Wenn das nicht möglich ist, weil Sie beide so in Rage sind, dann rufen Sie ein paar Tage später den Betreffenden an.

Lassen Sie sich nicht manipulieren

Auch wenn Sie als Königin heiter und gelassen durchs Leben gehen, sind Sie trotzdem ein aufmerksamer Mensch, der sich nicht in Tagträumereien verliert.

Und deswegen haben Sie das Zepter in der Hand. Und da gehört es auch hin! Das heißt nicht, dass Sie hinter allem und jedem vermuten, dass Sie manipuliert werden sollen. Sonst leiden Sie innerhalb kürzester Zeit an Verfolgungswahn und das ist nun wirklich nicht königlich.

Trotzdem sind Sie Realistin und wissen, dass es Menschen gibt, die prinzipiell Freude daran haben, andere zu ihren Gunsten zu manipulieren.
Natürlich können Sie damit souverän umgehen und fühlen sich nicht gleich persönlich beleidigt, wenn Ihnen ein solcher Mensch begegnet.
Dann müssen Sie allerdings auch reagieren. Und das ist wirklich ein unbedingtes Muss. Denn wer Sie manipulieren will, der muss sofort merken, dass er bei Ihnen an der falschen Adresse ist.

Das geht natürlich genauso charmant und galant, wie auch in anderen Situationen. Und dann machen Sie deutlich, dass Sie das Spiel durchschauen.

Aber was versteht man im Allgemeinen unter Manipulation? Das können kleine Dinge sein. Zum Beispiel ruft Ihre Mutter an und beklagt sich, weil Sie sich nicht genügend um sie kümmern. Und ihr würde es ja so schlecht gehen.
Sie bekommen ein schlechtes Gewissen und fühlen sich verpflichtet, sie öfter zu besuchen.
Das war eine Manipulation.
Und was machen Sie, wenn Ihnen so etwas passiert? Sie reagieren gelassen und bieten „Hilfe zur Selbsthilfe" an. Z. B. könnten Sie Ihrer Mutter vorschlagen, dass sie sich mehr

im Heimatverein, Häkelclub oder wo auch immer engagiert, damit sie neue Leute kennenlernt.

Noch ein Alltags-Beispiel: Ihr Kollege bitten Sie, ein paar Sachen für ihn herauszusuchen und zu kopieren, „weil Sie ja so zuverlässig sind". Oder er bittet Sie, für ihn einen Brief zu schreiben, „weil Sie so gut im Formulieren sind".
Achtung, hinter diesen Schmeicheleien steckt in den meisten Fällen Manipulation. Er schmeichelt Ihnen und lobt Ihre Fähigkeiten, sagt vielleicht noch, dass er selber das nie so gut könnte wie Sie und will Ihnen damit Arbeiten aufdrücken, zu denen er selber keine Lust hat.
Und wie reagieren Sie am besten? Sie bieten ihm an, ihm zu zeigen wie es geht. Dann muss er sich an den PC setzen und tippen oder Sie erklären ihm Ihre Systematik, mit der Sie Vorgänge aus verschiedenen Akten heraussuchen und kopieren.
Sie glauben nicht, wie wirkungsvoll dieses Verhalten ist. Dieser Kollege kommt vielleicht gerade noch ein zweites Mal zu Ihnen, um unangenehme Arbeit abzuwälzen, aber garantiert kein drittes Mal!
Damit ist aber nicht gemeint, dass Sie nicht einem Kollegen helfen sollten, wenn er im Stress ist. Lernen Sie zu unterscheiden.

Wenn Sie aufmerksam sind, dann sollte ein angemessenes Reagieren nicht das Problem sein.

Und was machen Sie, wenn Sie sich doch übers Ohr hauen lassen haben?
Dann versuchen Sie bei der nächsten Möglichkeit, die Situation zu drehen und sind in Zukunft aufmerksamer.

Denken Sie daran: Wenn Sie sich einmal manipulieren lassen haben, dann ist es schwerer, Ihr Gegenüber davon zu überzeugen, dass das ein einmaliger Ausrutscher war, als wenn Sie von Anfang an dagegenhalten

Fordern Sie

Sie als Königin wissen, dass Ihnen die Welt offen steht und Sie das Recht auf ein zufriedenes und glückliches Leben haben.

Dass Sie loslassen und im Hier und Jetzt leben sollen, ist wichtig. Damit ist aber nicht gemeint, dass Sie völlig gleichgültig und losgelöst alles hinnehmen, was Ihnen Ihre Umwelt so bietet! Ganz im Gegenteil, Sie haben Ihre Bedürfnisse immer fest im Blick und tun auch etwas dafür, diese zu befriedigen.

Sie sind aufmerksam und fordern das ein, was Ihnen wichtig ist.

Zum Beispiel, dass Ihr Freund oder Mann pünktlich zu ihren gemeinsamen Verabredungen kommt. Ist er wieder zwanzig Minuten zu spät? Hat er keine Entschuldigung dafür?
Dann sagen Sie nicht „schon in Ordnung" oder „Macht nichts, ich habe eh noch telefoniert", wenn es nicht so ist.

Machen Sie ihm klar, dass es Ihnen wichtig ist, dass Sie sich auch bei der Einhaltung von Verabredungen verlässlich ist. Dass er Sie im Notfall anrufen kann, wenn es später wird, aber dass Sie sich auf keinen Fall damit zufriedengeben, dass er Sie warten lässt.

Passiert es ein zweites Mal? Fünf Minuten sind tolerierbar (z.B. wenn Sie sich im Café treffen und dort schlecht Parkplätze zu bekommen sind). Zehn Minuten? Stehen Sie auf und gehen Sie. Wenn Sie nett sind, sagen Sie dem Wirt, dass er Ihrem Freund oder Mann ausrichten soll, dass Sie noch shoppen gehen.

Beim nächsten Mal wird er höchstwahrscheinlich pünktlich

sein. Wenn nicht, dann wiederholen Sie das Vorgehen.

Eine Freundin erzählte mir vor einiger Zeit, sie würde selber auch später kommen, wenn ihre Verabredungen sich immer verspäten würden. So würde es nachher wunderbar passen und beide wären gleichzeitig und ohne sich zu ärgern „pünktlich", nur zwanzig Minuten später.

Die Idee ist gut, wenn Sie Konflikte vermeiden wollen und nicht denken, Sie sind es wert, für so wichtig genommen zu werden, dass der andere pünktlich ist. Aber Sie sind eine Königin, und deswegen sind Sie weder konfliktscheu noch denken Sie, dass Ihr Freund oder Mann das mit Ihnen machen darf.

Deswegen gehen Sie den anderen Weg. Wenn Sie ein pünktlicher Mensch sind, dann fangen Sie nicht an, selber unpünktlich zu werden. Verleugnen Sie sich nicht selbst, bzw. Ihr Wertesystem.

Gehen Sie nach zehn Minuten, tun Sie etwas, das Ihnen Spaß macht und seien Sie auch nicht wütend oder sauer, wenn Ihr Schatzi nach einer Viertelstunde auf dem Handy anruft. Erklären müssen Sie sich nicht. Sondern er.

Solange Sie nicht Ihren Mund aufmachen, kann niemand ahnen, dass Sie etwas wollen oder nicht wollen. Also fordern Sie. Machen Sie keine versteckten Andeutungen um dann beleidigt zu sein, wenn keiner diese beachtet.
Sagen Sie klar und deutlich, was geht und was andere in Ihrer Gegenwart lieber bleiben lassen sollten.

Denn wenn Sie nicht den Mund aufmachen, kann kein Mensch ahnen, was Sie wollen.

Lassen Sie sich nicht abwimmeln

Wenn Sie etwas fordern, dann stehen Sie dazu. Auch, wenn es nicht sofort nach Ihren Wünschen läuft. Knicken Sie nicht um wie ein Grashalm, geben Sie nicht auf, wenn Ihre Forderung nicht gleich erfüllt wird. Lassen Sie sich nicht abwimmeln. Denn das wollen die meisten Menschen, von denen sie etwas fordern. Denn fordernde Menschen sind unbequem. Man muss etwas für Sie tun. Und das macht Arbeit. Und da unsere Mitmenschen in der Regel faul sind, werden sie versuchen, Sie von Ihren Wünschen und Zielen abzubringen, wenn das für sie selbst Mehrarbeit bedeutet.

Bleiben Sie hartnäckig und akzeptieren Sie nur Ihnen einleuchtende Argumente.

Ein Beispiel: Sie sitzen im Restaurant und die Eingangstür steht offen. Es zieht wahnsinnig und Sie merken schon, dass Sie morgen einen steifen Nacken haben, wenn die Tür nicht geschlossen wird.
Winken Sie die Bedienung zu sich heran. Sagen Sie höflich, dass Ihnen zieht und dass Sie darum bitten, dass die Tür geschlossen wird.
Passiert dies nicht? Kommt nicht einmal eine Rückmeldung? Stellen Sie Ihre Frage noch einmal. Wenn ein guter Grund genannt wird, warum die Tür nicht geschlossen werden kann, dann fragen Sie trotzdem noch einmal nach. Kommt man Ihrem Wunsch nicht nach, überlegen Sie, ob Sie nicht das Lokal wechseln, falls Ihnen kein anderer Platz angeboten werden kann.
Seien Sie konsequent. Steht das Essen auf dem Tisch? Essen Sie auf, bezahlen Sie und wechseln Sie das Lokal.
Kommen Sie bei dem Wetter nicht wieder oder nur noch, wenn Sie dort einen Platz bekommen, der angenehmer ist.
Wird Ihnen kein Grund genannt, dann gehen Sie.

Geben Sie einen Warnschuss ab, bevor Sie zielen

Sie haben als Königin alles wunderbar im Griff. Und trotzdem gibt es manchmal Menschen, die versuchen, mit unlauteren Mitteln in Ihr Reich einzudringen. Natürlich sind es keine königlichen Frauen und Männer, denn die würden so etwas gar nicht erst versuchen. Es sind Menschen, die mit sich selber unzufrieden sind und Ihnen Ihr Glück nicht gönnen. Meist sind diese Menschen voller Angst, dass Sie ihnen etwas nehmen könnten und handeln unfair, weil sie sich anders nicht zu helfen wissen.

Natürlich bleiben Sie gelassen. Sie wissen, so richtig erschüttern kann Sie so etwas nicht. Trotzdem kann es eine Situation geben, in denen Ihr gegenüber nicht aufhören mag, gegen Ihr Schloss zu schießen. Und zwar dann, wenn Sie sich ausnahmsweise mal überhaupt nicht königlich fühlen. Gerade schwache Menschen suchen sich für ihre Spielchen scheinbar unterlegene Gegenspieler aus, die sie mühelos „besiegen" können um dadurch einen Moment ein Hochgefühl zu bekommen.
Es ist gut, Verständnis für diese schwachen Menschen zu haben, aber alles hat seine Grenzen.

Und da Sie Königin und nicht Mutter Theresa sind, ziehen Sie eine deutliche Grenze, wenn die Situation an Ihrem persönlichen Wohlbefinden zu nagen droht.
In diesen Fall setzen sich den königlichen Warnschuss ein. Damit zeigen Sie Ihrem Gegenüber, dass er gerade an Ihre Grenze gestoßen ist und Sie im Zweifelsfall zu anderen Maßnahmen greifen würden. So bekommt er eine ungemütliche Idee davon, was es bedeuten würde, mit Ihnen einen wirklichen Krieg anzufangen.

Meist reicht so ein Warnschuss schon aus, um in Zukunft in

Ruhe gelassen zu werden. Denn wie gesagt, solche Menschen suchen sich meist leichte Opfer, die sich nicht wehren können. Dass Sie sich wehren, wird Warnung genug sein.

Es gibt mehrere Arten von Warnschüssen. Sie alle haben aber das gleiche Ziel: Sie rasseln mit den Säbeln, damit der Störenfried einen gehörigen Schrecken bekommt.

Wie so eine Warnung aussehen kann, hängt ganz entscheidend von der Situation ab. Mehr dazu weiter unten beim Umgang mit Zicken.

Denken Sie daran: Sie dürfen keinen Zweifel daran lassen, dass sich sehr schmerzhafte Konsequenzen für Ihr Gegenüber ergeben, wenn es nach dieser Warnung keine Ruhe geben sollte. Und da Sie als Königin konsequent sind, werden Sie auch Ihre Konsequenzen ziehen.

Wie Sie sich verhalten, hängt auch davon ab, ob sich die Situation im privaten oder direkten beruflichen Umfeld abspielt und wie gut Sie diesen Mensch kennen.

Seien Sie konsequent

Egal, was Sie anderen ankündigen oder womit Sie anderen drohen: Seien Sie konsequent.

Überlegen und beraten Sie sich, bevor Sie handeln und dann handeln Sie! Danach ziehen Sie das Ergebnis durch. Grübeln Sie nicht ständig, ob Ihre Entscheidung richtig war. Denn selbst eine mittelmäßige Entscheidung bringt uns weiter voran, als nichts zu tun oder abzuwarten, bis andere für uns entschieden haben.
Bleiben Sie standfest, wenn andere an dieser Entscheidung

rütteln, es sei denn, es stellt sich heraus, dass Sie die Entscheidung aufgrund völlig gegensätzlicher Erkenntnisse getroffen haben und damit anderen Menschen schaden.

Dann zögern Sie nicht, Ihren Fehler einzugestehen und die Entscheidung rückgängig zu machen.

Fehler sind menschlich, und Königinnen sind auch Menschen.

Umgang mit Zicken

Sie haben ein erfülltes königliches Leben. Gut so. Trotzdem gibt es ein paar vereinzelte und meist recht verzweifelte Menschen, die das Glück der anderen gerne zerstören wollen, da sie selber einsam und unglücklich sind.

Denken Sie daran: Als Königin haben Sie es eigentlich nicht vor, sich so zu verhalten. Aber manchmal treffen Sie auf weniger königliche Personen, bei denen es doch angebracht ist, um langfristig Ruhe zu haben!

Diese Giftmischerinnen, die manchmal einen Warnschuss brauchen, sind fast ausschließlich weiblichen Geschlechts und suchen sich ein schwaches Opfer. Also in der Regel keine Königin. Trotzdem hat sich die eine oder andere schon getäuscht und bei einer königlichen Genossin versucht, ihr Gift zu streuen.

Denn Giftmischerinnen sind zwar hinterhältig und durchtrieben, aber nicht übermäßig intelligent oder lebensklug.

Eine Giftmischerin erkennen Sie an einer häufig überfreundlichen Art, die mit kleinen Spitzen gespickt ist. Im ersten Augenblick denkt man, sie sei nur zufällig indiskret oder unhöflich gewesen und sie sei einfach in ein Fettnäpfchen getreten. Erst später fällt dann auf, dass es eine taktisch eingesetzte Spitze war.

Hier hilft ein Warnschuss, Ihrem Gegenüber die Grenzen aufzuzeigen. Wirkungsvoll ist dabei alles, was diese Giftmischerin in ihrem zu geringen Selbstwertgefühl noch weiter trifft.

Ein paar Beispiele:
Sie können bei einer nicht so guten Bekannten ihren Namen „vergessen" und sie mit einem mehr oder minder ähnlichen ansprechen. Das signalisiert ihr, wie unwichtig sie ist. Je näher Sie diese Person kennen, desto wirkungsvoller ist dies, besonders an eine augenscheinlich nette Konversation gekoppelt.
Nennen Sie eine Kerstin einfach Kristin, eine Frau Stöltig, Frau Stemme und sehen Sie ihr dabei fest in die Augen. Ganz freundschaftlich.

Fragen Sie ganz höflich bei der Giftmischerin nach, wie ihre Aktivitäten laufen, ganz speziell bei dem Punkt, an dem sie gar nicht laufen.

Treffen Sie einfach den wunden Punkt. Mit hoher Wahrscheinlichkeit wird die Giftmischerin sich rechtfertigen und versuchen, Ihnen klarzumachen, wieso bestimmte Dinge noch nicht so gut laufen. Dabei wird sie immer peinlicher. Auf dem Höhepunkt der Peinlichkeit verabschieden Sie sich höflich und ziehen weiter.

Wissen Sie, dass die Person Probleme mit ihrem Aussehen hat? Erzählen Sie ihr, wie toll Sie die neue Fernsehserie finden, in der auch hässliche Entlein Schwäne werden können und wie erstaunlich es doch ist, was man dank plastischer Chirurgie so alles machen kann. Auch wenn Sie im Grunde genommen abgrundtief erschüttert über den Verfall der Sendeformate der Privatsender sind. Heben Sie das gute dieser Sendung hervor. Auch wenn Sie dabei flunkern müssen.

Schön ist auch, eine Giftmischerin, die Sekretärin des Personalchefs ist zu fragen, ob sie noch bei der Firma XY Personalchefin ist. Sie wird sofort erklären, dass sie dort Sekretärin ist. Was Sie natürlich mit einem bedeutungsvollen „ach" kommentieren.

Dieses Prinzip lässt sich auf alle möglichen Situationen übertragen.

Natürlich machen Sie das nicht ständig, sondern wirklich nur, wenn es Sie nervt. Denn schließlich haben Sie es gar nicht nötig, sich um solche Leute zu kümmern.
Das Schöne an diesen Warnschüssen ist, Sie können diese lernen und selbst wenn Sie einmal angeschlagen sein sollten aus dem Hut zaubern.
Dieser Warnschuss wird Ihr Selbstbewusstsein wieder richtig aufmöbeln und Sie wieder in den Zustand der königlichen Königin bringen.

Im Beruf kann es auch männliche Giftmischer geben. Dadurch, einige Männer ihr Selbstbewusstsein daraus ziehen, dass sie sich Frauen gegenüber überlegen fühlen, sind diese besonders hart getroffen, wenn eine Kollegin den gleichen oder sogar einen besseren Job als sie hat. Aber egal, ob Sie männlichen oder weiblichen Giftmischern im Beruf begegnen, hier sollten Sie nicht nach der ersten Methode handeln. Denn hier gibt es zum Glück eine Gemeinsamkeit, die Arbeitsebene. Und über die können Sie meist mit einer Kleinigkeit eine große Wirkung erzielen. Sprechen Sie die Giftmischer direkt darauf an, ohne dabei im ersten Schritt zu persönlich zu werden.

So wie eine Bekannte von mir. Sie bekam einen Job in einer Firma, die gerade viele Mitarbeiter entlassen hatte. Auch in der Abteilung, in der sie anfing zu arbeiten.

Aufgrund ihrer Qualifikation war sie vielen Mitarbeitern überlegen, und das machte den anderen Angst. Obwohl der Chef mehrmals die Abteilung zusammenrief und betonte, dass jetzt die Entlassungen vorbei waren und wieder Ruhe einkehren würde, hatten viele ihre jahrelangen Kollegen in die Arbeitslosigkeit rutschen sehen.

Egal was meine Bekannte tat, sie bekam keinen Fuß auf den Boden. Ihr wurden Informationen vorenthalten, ihre Arbeitsergebnisse wurden beim Chef angeschwärzt und die Kollegen arbeiteten sie nur halbherzig ein, so dass sie immer wieder gravierende Fehler machte.
Unabhängig davon, dass der Chef seine Führungsrolle nur unzureichend wahrnahm und dieses Klima unbewusst sogar förderte, musste etwas getan werden.

Ein paar Monate und zahlreiche schlaflose Nächte weiter, bekam sie einen entscheidenden Tipp, der sich so einfach und nicht besonders vielversprechend anhörte. Trotzdem hatte sie damit durchschlagenden Erfolg.

Dieser Tipp war so einfach wie wirkungsvoll: „Sprich deine Kollegen doch einfach mal sachlich darauf an, dass du das Gefühl hast, es läuft so und was sie dazu sagen".

Sie denken, das hört sich zu einfach an? Naja, ich glaube, ein wenig Überwindung kostete es sie schon, als sie am nächsten Tag ins Büro ging und in der Pause bat, dass alle ihr zuhören. Und dann sagte sie: "Ich habe seit ich hier bin, das Gefühl, dass sie nicht mit mir zusammenarbeiten wollen. Ist da etwas Wahres dran? Wenn ja, dann sollten wir mit unserem Chef darüber reden."

Peinliches Schweigen. Dann sprach sie jeden einzelnen direkt an. „Frau Meyer, wie sieht es mit Ihnen aus?" Frau Meyer lief rot an. Konnte ihr nicht in die Augen gucken und schüttelte den Kopf.

Bei den anderen sah es ähnlich aus.

Ab diesem Tag hatte sie nie wieder Probleme mit diesen Kollegen. Plötzlich hatten alle ein schlechtes Gewissen und überhäuften sie mit Aufmerksamkeit und wurden mit jedem Tag immer offener.

Es ist fast müßig zu sagen, dass eine Königin kaum in eine solche Situation kommen wird. Denn oft suchen sich die anderen ein „Opfer" bei dem sie davon ausgehen, dass es entweder die Machenschaften nicht durchschaut, oder es stillschweigend ertragen wird.
Mit zu Beginn gesetzten rechtzeitigen Signalen, wäre die Situation wohl nicht so weit gekommen. Aber vorübergehende Unsicherheit und auch Unkenntnis des Arbeitsgebietes haben meine Bekannte so verunsichert, dass sie nicht den Mund aufmachen wollte.
Im Endeffekt reichte hier ein kleiner Warnschuss. Ein einfaches „ich nehme es wahr, ich bin nicht bereit, es hinzunehmen und ich werde mich wehren." Den Chef hätte sie gar nicht erwähnen müssen.
Auch hier gilt: Wehret den Anfängen.

Zum Schluss möchte ich noch erwähnen, dass Sie nicht davor zurückschrecken sollten, sich in so einer Situation professionell helfen zu lassen, bevor Sie sich zu lange ärgern.

Übereifer lohnt sich nicht

Als Königin gehen Sie voll Vertrauen durch das Leben. Selbst wenn es mal nicht so gut läuft, lassen Sie sich davon nicht die Laune verderben. Denn Sie vertrauen darauf, dass Ihre Träume auf lange Sicht in Erfüllung gehen. Auch wenn es mal nicht so aussieht.

Denken Sie an Ihre Träume und Visionen. Das gibt Ihnen Kraft und hilft, über die kleinen Stolpersteine des Lebens problemlos hinwegzuhüpfen.

Wenn sich dann eine tolle Chance bietet, einen weiteren Schritt zur Verwirklichung Ihrer Träume zu gehen, dann tun Sie das mit Bedacht. Auch wenn Sie in dem Augenblick und vielleicht nach einer längeren „Durststrecke", in der Sie Ihr Ziel unerreichbar schien, denken, das wäre jetzt Ihre einmalige Chance: Bleiben Sie Sie selbst.

Verlieren Sie nicht den Verstand und stürzen sich blind in die neuen Möglichkeiten. Sie dürfen zwar träumen, aber fangen Sie nicht an, alles bisher Dagewesene plötzlich langweilig und fade zu finden.

Übereifer macht blind und führt zu kurzfristigen Energieschüben, die genauso schnell verpuffen, wie sie gekommen sind.

Als Königin haben Sie einen langen Atem und brauchen sich nicht Hals über Kopf in Dinge zu stürzen.

Seien Sie begeistert, spontan und lebenslustig. Aber fangen Sie nie an, übereifrig zu sein, denn das ist die sichere Garantie für einen deftigen Katzenjammer, spätestens dann, wenn Sie wieder zurück in der Realität sind. Und das haben Sie als Königin nicht verdient. Also verlieren Sie nicht den Kopf.

Genießen Sie Erfolge oder wenigstens die Aussicht auf Erfolg, kosten Sie Ihre Gefühle aus und bleiben Sie dabei Sie selbst. Machen Sie in der Phase der Begeisterung keine vorschnellen Zusagen, nutzen Sie den Energieschub lieber, um die nächsten Schritte anzuschieben. Hängen Sie das aber bitte nicht an die große Glocke, sondern stellen Sie alles erst auf ein sicheres Fundament.

Auf Übereifer folgt in den meisten Fällen Katzenjammer.

Und im ersten Begeisterungssturm machen Sie Zusagen, die Sie gar nicht in der Form einhalten wollen oder können.

Als Königin wissen Sie, dass das Leben noch viele tolle Chancen bereithält. Also tun Sie nicht so, als ob dies Ihre Einzige wäre!

Gerade wenn es bei Ihren Plänen um Jobangebote, Verträge etc. geht, wirkt Übereifer auf Geschäftspartner so, als ob Sie es nötig hätten und eigentlich gar nicht wert sind. Das kann nachträglich zu Zweifeln bei der anderen Seite führen.

Gerade wenn man Ihnen viel zutraut und Sie zu übereifrig und dankbar reagieren fragen sich die anderen „Ist Sie vielleicht doch nicht so toll, wie ich dachte?"
Also, locker bleiben, vertrauen und Ihren Übereifer im stillen Stübchen ausleben oder die beste Freundin damit erfreuen.

Streiten Sie mit Stil und Kultur

Nur weil Sie zu königlichen Ehren erlangt sind, heißt das nicht, dass Sie bis ans Ende Ihrer Tage friedvoll und ruhig auf Ihrem Thron bleiben können.

 Ganz im Gegenteil, unterschiedliche Meinungen und Streitgespräche sind das Salz in der Suppe des Lebens. Und ein Zeichen von Temperament und Selbstbewusstsein.

Aber, bevor Sie loslegen, beachten Sie die königlichen Regeln, damit Sie nicht wie ein Gewittersturm alles platt machen, was Ihnen in den Weg kommt.
Denken Sie immer daran: Auch Ihr Gegenüber hat Gefühle, die nicht verletzt werden sollten und ein Wort im Zorn gesagt kann einiges kaputtmachen, das Sie sich sorgfältig

aufgebaut haben.

Also, Sie sind sauer. Zählen Sie erst einmal langsam bis zehn, bevor Sie überhaupt den Mund aufmachen. Oder bis zwanzig, das ist noch viel besser.
Die Pause ist eine wunderbare Gelegenheit, um wieder Ihren Verstand anzuschalten.

Und dann:

- Überlegen Sie, wie wichtig das Thema ist und ob sich eine Auseinandersetzung lohnt
- Bleiben Sie immer bei der Sache und werden Sie nicht persönlich
- Schreien Sie nicht herum
- Lassen Sie den anderen ausreden und bitten Sie auch den anderen, Sie ausreden zu lassen
- Vermeiden Sie Wörter wie „immer" und „nie"
- Versuchen Sie Verständnis für die Position des anderen zu haben
- Streiten Sie nie vor Dritten
- Schlagen Sie den anderen nicht mit ihren rhetorischen Fähigkeiten
- Bleiben Sie fair und objektiv
- Nehmen Sie die andere Meinung ernst
- Finden Sie immer einen Kompromiss und machen Sie auch mindestens ein kleines Zugeständnis, damit der andere nicht das Gefühl hat, der Verlierer zu sein
- Entschuldigen Sie sich, wenn das angemessen ist
- Wenn alles geklärt ist, dann handeln Sie danach und kramen den Streit nicht bei der nächsten Gelegenheit wieder hervor
- Gehen Sie nie im Streit auseinander

Wenn Sie schon zu Beginn der Auseinandersetzung merken, dass Sie die Regeln nicht einhalten können, vertagen Sie den

Streit, gehen Sie um den Block oder verabreden Sie sich für den nächsten Tag, um das Thema zu besprechen.

Seien Sie konstruktiv

Eine Königin weiß: Es gibt verschiedene Möglichkeiten, das Leben zu betrachten.
Entweder sieht man das, was passiert, in einem konstruktiv-positiven Zusammenhang (was kann ich daraus lernen, wie bringt mich das weiter), oder in einem destruktiv-negativen (warum muss mir das schon wieder passieren, ich schaffe das nicht ...).

Eine Königin denkt immer konstruktiv, selbst wenn etwas passiert, was sie aus der Bahn wirft.
Sie weiß, dass es manchmal nur noch hilft, das Beste aus einer Situation zu machen.

Ihre Wohnung wurde gekündigt und Sie müssen innerhalb von drei Monaten ausziehen? Super. Zwar war die alte schön, aber Sie finden sicher eine viel bessere für das Geld. Klar, ein Umzug ist mit Arbeit verbunden. Aber es ist auch eine tolle Chance, sich zu verbessern. Sie können endlich näher an den Stadtpark, Kindergarten, Arbeitsstelle oder was Ihnen auch immer wichtig ist, heranziehen. Endlich eine größere Küche mit schöneren Fliesen bekommen etc. Sie können vorher ausmisten und auf den Flohmarkt gehen, damit Sie nicht den ganzen alten Kram mit in die neue Wohnung schleppen.

Legen Sie gleich los und werden Sie aktiv. Wenn Sie davon ausgehen, dass Sie eine tolle neue Wohnung finden, dann halten Sie die Augen automatisch danach auf und finden sie auch.

Denken sie genau das Gegenteil, dann unterschreiben Sie nachher den Mietvertrag für das letzte Loch, nur um von Ihrer Angst befreit zu werden, gar nichts Entsprechendes zu finden.

Seien Sie konstruktiv, das heißt auch, dass Sie sich von Ereignissen nicht lähmen lassen, sondern aktiv werden. Tun Sie irgendetwas. Denn wenn Sie aktiv und in Bewegung sind, dann kommt der Rest schon von alleine.

Finden Sie Ihre Wohnung schon perfekt? Dann sprechen Sie doch mit den Vermietern. Fragen Sie nach den Gründen. Vielleicht gibt es ja doch eine Möglichkeit, die Kündigung rückgängig zu machen. Seien Sie dabei hartnäckig. Aber, wenn das nichts bringt, dann wissen Sie, dass Sie sich mit dem Gedanken an eine neue Bleibe anfreunden werden.

Machen Sie Aushänge, inserieren Sie, rufen Sie Makler an. Es würde mich nicht wundern, wenn Sie bei der Gelegenheit gleich eine nette neue Yogagruppe oder einen neuen Job finden. Denn gerade dann, wenn wir gewohnte Wege verlassen, sind wir offen und sehen die ganzen Gelegenheiten, die „auf der Straße liegen".

Den Kopf in den Sand stecken, ist dabei die ungünstigste Alternative. Denn dass andere Ihnen unter die Arme greifen, ist wahrscheinlicher, wenn diese sehen, dass Sie selbst auch bereits sind, etwas dafür zu tun.

Gehen Sie auch mit den Problemen und Herausforderungen Ihrer Freunde und Familie konstruktiv um. Damit meine ich nicht, dass Sie begeistert schreien sollen „oh toll, dann kannst du ja endlich mal machen, was du willst", wenn Ihre Cousine arbeitslos geworden ist.

Damit stoßen Sie ihr garantiert vor den Kopf. Sagen Sie ihr

lieber, dass es Ihnen leid tut und fragen Sie nach ihren Plänen. Sie können ihr Tipps geben und vorsichtig fragen, was denn beim nächsten Job besser sein soll. Aber bestärken Sie sie auf keinen Fall darin, dass der Jobverlust etwas ist, das wieder mal zeigt, dass Sie nichts geschafft hat im Leben.

Helfen Sie anderen

Königin zu sein heißt auch, anderen zu helfen und diese zu unterstützen. Natürlich machen Sie das abhängig davon, wie sympathisch und nah Ihnen diese Person ist. Einer netten Zufallsbekanntschaft aus dem Fitnessclub sollten Sie nicht den ganzen Wohnungsumzug organisieren.

Aber auf die Idee werden Sie als Königin wahrscheinlich sowieso gar nicht kommen.
Wie können Sie helfen, ohne von anderen ausgenutzt zu werden? Gehören Sie zu den Frauen, die alle und jeden unterstützen und hilfsbereit alle von anderen ungeliebten Arbeiten übernehmen?

Für die Kollegin, die ja weiß, wie toll Sie Protokolle schreiben, für die Freundin, die weiß, wie toll Sie nähen können?
Machen Sie die Augen auf. Und schauen Sie, ob derjenige, der Ihre Hilfe in Anspruch nehmen will, sie auch wirklich verdient hat. Oder ist er oder sie einfach nur zu faul, sich selber mit etwas zu beschäftigen?

Ein Beispiel ist das Organisieren von Geburtstagsgeschenken, das bereits zuvor erwähnt wurde.

Wenn Sie als Königin helfen, sollte das in der Regel Hilfe zur Selbsthilfe sein. Denn es gibt Menschen, die gerne ihre

Aufgaben auf andere abwälzen und versuchen, mit Schmeicheleien zu erreichen, dass derjenige, der eingespannt wird, sich auch noch geehrt fühlt.

Bieten Sie, wenn Sie helfen wollen, an, zu unterstützen. Aber lassen Sie die Verantwortung für das Gelingen bei demjenigen, der die Aufgabe auch zu erledigen hat.

Machen Sie den anderen nicht abhängig von sich, indem Sie aus Ihren Fähigkeiten ein großes Geheimnis machen. Das haben Sie nicht nötig. Lassen Sie ihn machen, geben Sie Tipps und gucken über die Ergebnisse oder bieten Sie an, dass derjenige anrufen oder vorbeikommen kann, wenn er nicht weiter weiß.

Das Gute daran ist, dass Sie zwar vielleicht das erste Mal mehr Arbeit haben, als es selber zu machen, aber auf längere Sicht wieder mehr Zeit bekommen für Ihre Dinge.
Und diese Art zu helfen sollte der Regelfall sein. Damit meine ich nicht, dass Sie im Notfall jemanden hängen lassen sollen, der Ihnen sehr am Herzen liegt und unter Zeitdruck Hilfe braucht, ohne dass Zeit für lange Lernstunden ist. Wenn Sie in einem Notfall helfen wollen, dann nehmen Sie einfach nur Arbeit ab, ohne zu diskutieren.
Genau das Gleiche gilt, wenn Ihnen die Leute so nahe stehen und das Gleiche für Sie tun, also eine Art „Arbeitsteilung" besteht.

Wichtig ist beim Helfen, dass Sie unterscheiden können, ob jemand in einer wirklichen Notsituation steckt, oder ob das nur eine Masche ist.

Nützlich bei der Entscheidung, ob Sie helfen wollen oder können ist es, sich folgende Fragen zu stellen:

- Habe ich Zeit, die Energie, die Kompetenz, um zu helfen?

- Steht mir diese Person besonders nahe?
- Würde die Person das gleiche für mich tun?
- Gibt es noch andere, die gerade greifbar/erreichbar sind und noch besser helfen könnten
- Was passiert, wenn ich jetzt nicht helfe? Verliert die Person dann Gesundheit, Geld, Freunde, hat sie dadurch viel mehr Arbeit?

Bittet Sie zum Beispiel eine Kollegin wirklich, das eben schon erwähnte Protokoll zu schreiben, weil sie heute keine Zeit hat. Dann überlegen Sie, ob Sie überhaupt helfen wollen. Wenn Sie selber keine Zeit haben, überlegen Sie, was passiert, wenn das Protokoll einen Tag später verschickt wird? Geht da die Welt unter? Oder hat die Kollegin nachher mehr Zeit als Sie, weil Sie ihr geholfen haben? Hat sie wirklich so viel zu tun, oder geht sie nachmittags dann auch noch früher als Sie nach Hause, ohne dass es dafür einen wirklich wichtigen Grund gibt?

Wenn Ihnen das in der Vergangenheit schon mit dieser Kollegin so ergangen ist, seien Sie vorsichtig und überlegen Sie sich zwei Mal, ob Sie wirklich helfen wollen.

Und wenn Sie sehen, dass Ihre Kollegin immer wieder in Zeitknappheit kommt, weil sie viel Zeit mit völlig unwichtigen Dingen vertut, dann sagen Sie ihr das bei passender Gelegenheit und empfehlen ihr ein Seminar zum Thema Zeitmanagement.

Handeln Sie nicht wie ein König

Wenn Sie alle Tipps beherzigen, dann ist dieser Abschnitt überflüssig. Denn dann sind Sie einfach so, wie Sie sind. Eine Königin und zwar eine sehr weibliche.
Trotzdem will ich dieses weit verbreitete Phänomen kurz

erwähnen.

Versuchen Sie nicht, alles genauso wie ein Mann machen zu wollen. Denn Sie sind die Königin. Ihr Weg ist der weibliche. Denken Sie nicht, Sie kommen beruflich oder privat weiter, wenn Sie versuchen, männliche Verhaltensweisen zu kopieren!
Denn das ist ein Trugschluss. Selbst wenn Sie genau wie Ihre Kollegen mit auf Kneipenbummel oder zum Fußball gehen, Sie werden von ihnen nie als gleichgeschlechtlicher Gesprächspartner gesehen. Das hat die Biologie nicht vorgesehen. Und das ist auch gut so. Gerade in einer Männerrunde ist Ihre Weiblichkeit das Besondere, das Unergründliche und das Fremde.
Überzeugen Sie damit, dass Sie Ihre weiblichen Stärken einsetzen. Und damit meine ich nicht Minirock und Stöckelschuhe.

Wenn Sie in einer Männerdomäne tätig sind und vermuten, dass Sie trotz Ihrer Kompetenz etc. nicht als gleichwertige Gesprächspartnerin geschätzt werden, wechseln Sie nicht Ihre Verhaltensweisen. Wechseln Sie Ihren Arbeitgeber. Männer, die Frauen nicht zu schätzen wissen, gibt es überall. Wenn wir so etwas Tag für Tag im Büro erleben müssen, dann tut das nicht gut. Und weil es nicht gut tut, wird es geändert. Hohle und sexistische Menschen gibt es immer wieder. Aber es ist unsere Entscheidung, wie und ob wir ihnen überhaupt begegnen. Denken Sie daran. Sie sind eine Königin und Sie brauchen sich nicht mit schlechten Gefühlen rumschlagen, weil Sie wissen, dass es auch anders geht.
Sagen Sie jetzt, dass Sie diesen Job aber über alles lieben und so etwas nie wieder bekommen? Das kann nicht sein. Sie sollten sich umschauen, es gibt sicher einen anderen Arbeitgeber, der ein besseres Gespür bei der Auswahl seiner Mitarbeiter hatte und bei der Einstellung auch auf Sozialkompetenz geachtet hat.

Verbiegen Sie sich auf keinen Fall. Für nichts und niemanden. Bleiben Sie Sie selbst, mit Ihren Stärken.

Denken Sie, dieser Job ist Ihre einzige Chance und Sie können nicht wechseln? Dann sollten Sie sich überlegen, ob Sie sich nicht bewusst einen Arbeitsplatz gesucht haben, bei dem Ihnen die Kollegen so feindlich gegenübertreten.

Haben Sie vielleicht gedacht, die biegen Sie schon hin. Gut, wie lange sind Sie da? Nach 18 Monaten sollte das Wohlfühlgefühl da sein. Wenn Sie bis dahin die Mannschaft nicht dazu gebracht haben, Sie aufgrund Ihrer persönlichen Stärken und fachlichen Kompetenz zu schätzen, dann schaffen Sie es auch nicht in den nächsten 20 Jahren. Und das ist nicht Ihr Versagen! Das liegt daran, dass Sie nicht unbedingt das Weltbild eines ganzen Kollegenkreises ändern können. Packen Sie Ihre Sachen.

Oder ist es vielleicht so, dass Sie denken, dieses Verhalten sei ganz in Ordnung und Ihre Kollegen hätten ein Recht dazu, so mit Ihnen umzugehen?

Dann lesen Sie dieses Buch noch einmal ganz in Ruhe durch. Denn eins ist klar – eine Königin hat das nicht nötig!

Sagen Sie nie „Ich würde ja gerne, aber ..."

Kennen Sie nicht auch diese Menschen, die ständig davon reden, wie etwas sein könnte: „Wenn ich mehr Geld hätte, wenn ich besser aussehen würde etc." Oder gehören Sie vielleicht selber zu dieser Spezies? Dann seien Sie gewiss: So denkt keine Königin, denn diese Denkweise ist völlig überflüssig und hindert Sie daran, sich wohl zu fühlen. Wenn Sie ständig davon ausgehen, dass Ihnen etwas in Ihrer jetzigen Situation fehlt, um glücklich und zufrieden zu sein, dann werden Sie auch nicht glücklicher werden, wenn Sie dieses Etwas haben.

Akzeptieren Sie, Ihre Situation, Ihre Figur, Ihr Leben. Freuen Sie sich über das, was ist und verschieben Sie Ihr Glück nicht auf später. Denn später ist nie jetzt.

Und wenn Sie nicht das, was ist schätzen lernen, dann werden Sie nie zufrieden sein, egal wie gut es Ihnen von außen betrachtet gehen müsste.

Sehen Sie das Positive an Ihrer Situation – alles hat seinen Sinn

Lernen Sie Ihr Leben zu schätzen. Es gibt Menschen, die führen Ihrer Meinung nach ein tolles Leben. Sind erfolgreich, haben eine tolle Familie, einen interessanten Job, verdienen viel Geld und sehen gut aus. Trotzdem hören Sie nur, wie schlecht es diesen Menschen geht. Sie nörgeln an ihrer Figur, am Job, am Stress mit den Kindern. Und was haben sie davon – nichts, außer einem Haufen negativer Gefühle.

Seien Sie verbindlich

Haben Sie Familie, Kollegen oder Freunden eine Zusage gemacht? Dann halten Sie sich selbstverständlich daran. Nichts ist schlimmer, als ein unzuverlässiger Mensch. Wissen Sie schon im Voraus, dass es zu einer Verabredung eng wird oder Sie eine Zusage nicht halten können? Dann lassen Sie es Ihr Gegenüber wissen. Sofort. Denn

Zuverlässigkeit ist ein Zeichen von hoher Wertschätzung.

Leben Sie nicht auf Kosten anderer

Eine Königin liebt das, was Sie hat und ist auch mit Ihrer finanziellen Situation zufrieden. Denn sie hat ja alle Möglichkeiten und alle Macht, ihre finanzielle Situation zu ändern.

Das heißt für Sie als Königin: Leben Sie nicht über Ihre Verhältnisse. Ein Haus oder eine Wohnung können Sie sich schon kaufen und einen Kredit dafür aufnehmen, wenn der so kalkuliert ist, dass Sie auch bei finanziellen Engpässen nicht gleich verkaufen und ausziehen müssen. Ist unter der Voraussetzung kein Hauskauf drin? Dann lassen Sie es zu diesem Zeitpunkt und tun Sie etwas dafür, dass sich Ihre finanzielle Situation bald ändert. Kredite schaffen Abhängigkeiten, die uns dazu bringen können, den Spaß am Leben zu verlieren. Denn sie engen ein.

Wenn Sie sich Dinge auf Kredit kaufen, dann arbeiten Sie nur dafür, diese auch abzuzahlen. Und dann wird die Arbeit zur Verpflichtung, die Sie erdrücken und klein machen kann.

Sie nehmen sich damit die königliche Freiheit, zu gehen und die Konsequenzen zu ziehen, wenn es Ihnen dort nicht mehr gefällt. Und damit machen Sie sich zum Opfer der Umstände.

Sie haben kein Geld für ein neues Auto und hätten gerne eins? Arbeiten Sie mit legalen Mitteln und zum Wohle aller dafür, dass Sie bald eins haben und bis dahin, leben Sie entsprechend. Ziehen Sie in die Stadt oder irgendwohin, wo es eine gute Bus- oder Bahnanbindung gibt oder kaufen Sie sich ein zuverlässiges gebrauchtes Fahrzeug.

Denken Sie immer daran: Sich wohlfühlen und die Umgebung so gestalten, dass man sich gut fühlt, hat nicht mit Geld zu tun.

Wenn Sie wie eine Königin fühlen und handeln, dann werden Sie zwangsläufig ein königliches Leben führen.

Da Sie gerade dabei sind, dieses Buch zu lesen und Ihr königliches Leben auf den Weg zu bringen, zeige ich Ihnen im Folgenden, was noch alles zu einem königlichen Leben gehört.

Nutzen Sie Ihre Mitmenschen als Spiegel

Vorhin habe ich Ihnen gesagt, Sie sollten die Menschen, die in Ihrem Königreich negativ besetzt sind, erst einmal aus den wichtigen Funktionen ausklammern.

Und jetzt überlegen sie, wie Sie diejenigen, die Ihnen nicht gut tun am besten ganz aus Ihrem Umfeld streichen.
Warum? Ganz einfach: Erst sollten sie überlegen, warum diese Personen in Ihnen negative Gefühle auslösen.

Denn als Königin sind Sie selbstreflektiert und geben nicht unüberlegt Beziehungen auf.

Nehmen Sie sich noch einmal die Liste vor und überlegen Sie, warum die Personen dort stehen. Denken Sie daran, alles, was wir in anderen sehen, ist ein Teil, der in uns selber verborgen schlummert.

Regen Sie sich über die Nörgeleien Ihrer Mutter auf? Dann fassen Sie sich an die eigene Nase und überlegen Sie, was von dieser Eigenschaft in Ihnen selbst ist.

Das sind die Themen, an denen Sie arbeiten können, um noch königlicher zu werden.

Kommen Sie nach Durchsicht der Liste zu dem Schluss, dass diese Menschen Sie nicht positiv unterstützen, mit Ihnen nicht wertschätzend bzw. herablassend umgehen, Sie nicht ernst oder wichtig nehmen?
Streichen Sie sie getrost von Ihrer Liste.

Und denken Sie daran. Es ist Ihr Leben und Sie können es so gestalten, wie Sie wollen. Also machen Sie es so schön wie möglich und verschwenden Sie keine Energie auf Menschen, die alles negativ sehen und keine Lebensfreude besitzen.
Sie sind eine Königin, kein Messias, der seine Lebensweisheiten verbreitet.

Ihr König

Kaum sind Sie Königin, da fragen Sie sich, wo denn Ihr König bleibt.
Es sei denn, Sie haben schon einen und wissen das auch. Dann können Sie dieses Kapitel ruhigen Gewissens überlesen.

Haben Sie aber einen Partner, und wissen nicht, ob ein König in ihm steckt, oder, haben Sie noch keinen und hätten gerne einen, dann lesen Sie bitte weiter.

Warum eine Königin einen König braucht? Auch für sie ist Liebe das schönste und großartigste auf der Welt. Besonders mit einem ebenbürtigen Partner.

Und der ist gar nicht so schwer zu erkennen. Außerdem gibt es mehr Könige, als wir glauben. Denn auch in jedem Mann steckt ein König!

Es geht hier nicht darum, einen bestimmten Mann zum König zu machen, sondern Ihren persönlichen König zu finden. Ja, genau den, der wie der Deckel zum Topf passt. Den Sie lieben, der Sie genauso liebt, mit dem Sie sich in allen wichtigen Fragen einig sind oder Kompromisse schließen. Der, der Ihr Leben jeden Tag noch ein bisschen schöner macht und auf den Sie selbst dann zählen können, wenn der Haussegen einmal schief hängen sollte.

Gleich zu Beginn: Machen Sie nicht zu viele Kompromisse! Entweder es funkt und zwischen Ihnen ist etwas Besonderes, das alle Mühen wert ist, oder es fehlt.
Vergessen Sie nicht: Sie sind eine Königin. Sie brauchen nicht irgendeinen Mann, nur um nicht alleine zu sein oder um gesellschaftlich angesehen zu sein. Sie brauchen einen König. Den oder keinen. Und seien Sie gewiss – es gibt ihn!
Um Ihren König zu finden, ist es wichtig, dass Sie noch einmal mehr überlegen, wie Ihr königliches Idealleben aussehen soll. Wie wollen Sie Ihre Zukunft gestalten? Wollen Sie mit Ihrem König eine Familie gründen? Wollen Sie beruflich gemeinsame Sache machen? Wollen Sie mit Geschenken überhäuft und verwöhnt werden?
Worauf legen Sie besonders wert? Schreiben Sie all das auf ein Blatt Papier, oder besser noch, in eine Kladde.

Woran erkennen Sie jetzt Ihren König, abgesehen von den Eigenschaften, die Sie sich schon notiert haben?

Ihr König ist:
- Für Sie da, wenn Sie ihn brauchen
- Hat keinen größeren Wunsch, als sein Leben mit Ihnen zu teilen
- Ist stolz darauf, so eine tolle Frau wie Sie gefunden zu haben
- Tut alles dafür, dass Sie bei ihm bleiben

- Ist höflich, wertschätzend
- Bezieht Sie in seine Pläne mit ein
- Ist Ihr bester Freund
- Er fehlt Ihnen, wenn er nicht in Ihrer Nähe ist
- Bringt Sie persönlich weiter
- Unterstützt Sie
- Kümmert sich genauso um Ihre Kinder
- Genießt die Zeit mit Ihnen
- Verwöhnt Sie
- Ist treu
- Redet auch vor anderen nur gut über Sie
- Fechtet keine Streitereien vor Dritten mit Ihnen aus
- Geht nicht ins Bett nach einem Streit, ohne sich vorher mit Ihnen wieder vertragen zu haben
- Achtet auf sein Äußeres
- Lädt Sie zum Essen, auf Reisen etc. ein, auch wenn er einen schmalen Geldbeutel hat
- Sie denken mindestens einmal in der Woche, wie gut Sie es haben, diesen tollen Mann zu haben und er denkt genau das gleiche über Sie

Haben Sie bereits einen Partner, auf den das zutrifft? Glückwunsch, dann haben Sie bereits Ihren König gefunden.

Trifft ein Großteil der vorangegangenen Auflistung nicht auf Ihren Partner zu? Und ändert sich sein Verhalten auch nicht wesentlich in den ersten Monaten, in denen Sie wirklich das Gefühl haben, eine Königin zu sein und sich dementsprechend verhalten?

Dann überlegen Sie sich gut, ob Sie Ihr Leben weiterhin mit diesem Mann verbringen wollen. Am besten trennen Sie sich und suchen sich dann endlich Ihren König.
Das Leben ist einfach zu kurz, um sich mit Menschen zu umgeben, die nicht zu uns passen.

Es sei denn, Sie möchten kurzfristig eine Mangelsituation ausgleichen und wollen momentan gar keinen König. Kein Problem. Aber dann seien Sie ehrlich zu ihrem Gegenüber, alles andere ist nicht königlich.

Keine Angst. Der richtige wartet da draußen nur auf Sie. Seien Sie offen für andere Menschen. Seien Sie aufmerksam. Sobald Sie das Haus verlassen oder mit anderen in Kontakt treten (das kann auch über Telefon oder via Internet sein), denken Sie daran, wer Sie sind. Und zwar eine Königin. Gehen Sie gepflegt aus dem Haus, schon um die nächste Ecke kann er warten. Und Sie werden sich erkennen. Seien Sie sicher!

Und dann? Dann sollten Sie unbedingt ein paar königliche Tipps berücksichtigen, die viele Jung-Königinnen gerade in dem Augenblick vergessen, in dem er dann vor Ihnen steht.

Denn es gibt zwar Fälle, in denen sich zwei Menschen treffen, sich verlieben und von da an jede Sekunde und alles teilen, was es gibt, aber das sind in den seltensten Fällen Könige, sondern eher Menschen mit der kindlichen Vorstellung, dass Liebe bedeutet, sich für den anderen total aufzugeben.

Königinnen wissen, dass ein König um sie werben muss. Und ein König weiß umgekehrt, dass das seine Aufgabe ist. Also seien Sie keine Spielverderberin, sondern halten Sie sich an das Protokoll.
Der Mann muss das Gefühl haben, dass Sie etwas ganz Besonderes sind und es das kostbarste Geschenk der Welt ist, mit Ihnen, der Königin zusammen sein zu dürfen.

Männer sind Jäger, und keine Gejagten. Das war schon in der Steinzeit so und ehrlich gesagt, hat sich, wenigstens in Bezug auf Männer und Frauen, seitdem wenig geändert. Also beschränken Sie sich auf Signale und Andeutungen und überlassen Sie ihm die konkreten Schritte. Ansonsten geben Sie ihm das Gefühl, dass Sie ihm keine erstklassige Werbung um Sie zutrauen und das wollen Sie doch nicht, oder?

Also gönnen Sie ihm das Gefühl, ein König zu sein.
Lächeln Sie ihn nett an, seien Sie äußerst höflich und zuvorkommend, wenn er Sie ansprechen sollte, aber machen Sie nie den ersten Schritt.

Er muss das Gefühl haben, Sie entdeckt zu haben und selbst ein paar aufmunternde Blicke Ihrerseits und ein nettes, unaufdringliches kurzes Anlächeln wird ihn nicht davon abbringen, dass er es war, der Sie entdeckt hat.

Wenn Ihr König Sie anspricht, seien Sie nett und höflich, aber bei den ersten Treffen verbringen Sie nicht zu viel Zeit mit ihm, schütten Sie ihm nicht sofort das Herz aus und jammern Sie nicht über Ihr Leben. Sie sind schließlich eine stolze Königin und haben auch ohne Ihren König viel Spaß in Ihrem Königreich.

Lassen Sie ihn ruhigen Gewissens die Rechnung bezahlen. Ist er ein König, wird er Sie einladen. Denn er will Ihnen zeigen, dass er für Sie sorgen kann. Gönnen Sie ihm diese Geste und zeigen Sie, dass Sie es zu schätzen wissen.

Bringen Sie zurückhaltend zum Ausdruck, dass es schön wäre, an der Seite eines Königs zu leben, aber dass Sie es nicht nötig haben, sich jedem an den Hals zu schmeißen.
Gute Tipps zum Verhalten einer Königin in Beziehungsfragen finden Sie z. B. in dem Buch „Die Kunst, denn Mann fürs Leben zu finden" von Ellen Fein.

Ein König macht nicht unbedingt alles von Anfang an immer nur richtig, aber Sie können seine positive Lebenseinstellung, seine Lernbereitschaft, Offenheit und

Liebe zu Ihnen und zum Leben als eine gute Grundlage sehen.

Pflegen und hegen Sie Ihr Umfeld

Menschen fühlen sich zu Ihnen hingezogen, weil sie Ihnen etwas geben können. Tun Sie weiterhin etwas dafür, dass diese Menschen sich in Ihrer Nähe wohlfühlen. Machen Sie sich besondere Gedanken, was diese Menschen freut und glücklich macht und handeln Sie danach. Aber ohne sich dabei zu verbiegen.
Investieren Sie etwas, das mehr wiegt als Geld: Zeit.

Je mehr Sie sich darüber bewusst sind, dass Sie wirklich eine Königin sind und etwas bewegen können, desto wohler werden sich auch die Menschen in Ihrem Umfeld fühlen. Sie haben das Gefühl geschätzt und angenommen zu werden.

Es kann aber in Ausnahmefällen auch sein, dass jemand, von dem Sie dachten, es wäre ein guter Freund, sich von Ihnen abwendet und nicht mit Ihrer neuen Rolle klarkommt. Warten Sie eine Weile ab, ob sich das ändert. Sprechen Sie mit der betreffenden Person darüber.

Bleibt das Problem bestehen, dann lockern Sie den Kontakt und besetzen die Position neu. Dabei sollten Sie der betreffenden Person noch eine Rückkehrmöglichkeit zugestehen, wenn Sie ihre Einstellung ändert.
Höchstwahrscheinlich ist dieser Person daran gelegen, dass Sie nicht selbstbewusst sind, sondern manipulierbar bleiben, da sie sich selber schwach fühlt, und gerne noch ein schwächeres Glied in der Kette hat. Diese Person meint es nicht gut mit Ihnen, also können Sie auf sie verzichten!

Sie sind nicht dazu auf der Welt, um andere Menschen von sich zu überzeugen. Entweder, Sie werden von ihnen geschätzt, oder nicht. Verschwenden Sie nicht zu viel Energie darauf, von einer bestimmten Person das zu bekommen, was Sie wollen. Wenn es nicht klappt, dann passt es halt nicht. Die Welt ist groß genug, damit jeder sein eigenes Reich aufbauen kann und vielleicht passt die Person ja in ein anderes.

Verstehen Sie mich nicht falsch: Sie sollen jetzt nicht leichtfertig Ihre Kontakte abbrechen. Sie sollen ein glückliches und erfülltes Leben führen und eine Person, die eine bestimmte Rolle in Ihrem Leben nicht haben möchte, auch nicht dazu zwingen. Das wäre völlig kontraproduktiv.

Eine Königin lebt nach dem Motto „Leben und leben lassen". Und wer nicht will, hat selber Schuld. Biedern Sie sich nicht an, das haben Sie nicht nötig.

Und denken Sie daran: Sie sind erwachsen! Sie sind kein Säugling, der unbedingt auf die Liebe seiner Mutter angewiesen ist.
Sie brauchen zwar auch als Erwachsene Liebe, Zuwendung und Wertschätzung, aber die gibt es fast überall, man muss sie nur sehen.
Es herrscht kein Mangel. Also lösen Sie sich!

Verteidigen Sie Ihr Königreich

Als Königin sind Sie zwar ab und an zu Tagträumen aufgelegt, aber im Grunde genommen sind Sie Realistin. Und Sie wissen, dass es nicht alle im Leben immer nur gut mit Ihnen meinen. Da Sie aufmerksam und wachsam im Hier und Jetzt leben, wird es anderen schwer fallen, in Ihr Revier einzudringen. Ab und zu kann es aber trotzdem vorkommen.

Entweder schleichend, langsam oder ganz plötzlich merken Sie das nagende Gefühl, dass jemand Ihre Grenze überschritten hat oder sich in Dinge einmischt, die ihn nichts angehen.

Wenn bei Ihnen die Warnlampen angehen, fangen Sie nicht an, das Verhalten des anderen schön zu reden oder zu entschuldigen. Handeln Sie, bevor es zu spät ist.

Es kann gut sein, dass Ihr Gegenüber sich nicht darüber bewusst ist, dass er im Begriff ist, in Ihren Bereich einzudringen. Das ist aber noch lange kein Grund, es nicht deutlich zu sagen. Gerade wenn wir Menschen noch nicht so gut kennen, neigen wir dazu, solches Verhalten zu entschuldigen und nicht anzusprechen. Aber gerade, wenn es nicht mit Absicht geschah, ist es wichtig, dass unser Gegenüber weiß, wo Ihre Grenzen sind. Wenn es wirklich nur eine rein zufällige Grenzüberschreitung aus Unwissenheit war, dann wird der andere sich entschuldigen und in Zukunft diese Grenze respektieren. War es Absicht? Oder besteht wenigstens der begründete Verdacht darauf? Dann sollten Sie schnell härtere Geschütze auffahren!

Holen Sie zum Gegenschlag aus, um dem anderen zu signalisieren, dass Sie nicht tatenlos zusehen, wie Ihr Königreich angegriffen wird.

Das heißt nicht, dass Sie als Königin ständig mit anderen Menschen Krieg führen sollen. Ganz im Gegenteil, Sie wollen auf Dauer ein friedliches Leben. Und deshalb zeigen Sie auch denjenigen, die auf eine feindliche Übernahme aus sind sofort, dass Sie sich bei Ihnen die Zähne ausbeißen.

Meist sind die Störenfriede richtige Wölfe im Schafspelz. Die, von denen andere sagen „die doch nicht, die meint das nicht so, die ist so friedlich und nett". Aber gerade solche, von allen als harmlos eingestufte, weil konfliktvermeidende Personen, sind oft die unangenehmen Störenfriede. Denn sie scheuen die offene Auseinandersetzung, um ihre Interessen durchzusetzen und versuchen alles unter der rosa

Wolke von „ich habe es doch nur gut gemeint" und „man wird doch mal" etc. versuchen, Ihnen noch ein schlechtes Gewissen einzureden, wenn Sie sich über den Angriff ärgern und das sagen.

Bekommen Sie immer wieder unangemeldet sonntagmorgens Besuch von Ihrer Schwiegermutter und fühlen sich in Ihrer Privatsphäre gestört? Dann machen Sie nicht auf, fahren Sie vor dem voraussichtlichen Erscheinen mit Sack und Pack zum Brunchen, zu einem Tagestrip oder was auch immer Ihnen einfällt. Ihnen fällt mit Ihrer königlichen Phantasie sicher etwas ein.
Und wenn Sie dann am nächsten Tag einen vorwurfsvollen Anruf bekommen, warum Sie denn nicht da waren, dann antworten Sie genauso scheinheilig zurück, dass Sie doch keine Verabredung hatten. Der Zweck heiligt die Mittel.

Teil III:

Und jetzt geht's los

Denken Sie langfristig - Machen Sie das Königin-Prinzip zu Ihrer Lebensphilosophie

Bei allem, was Sie tun, sollten Sie überlegen, was Ihnen die Sache langfristig bringt. Es gibt eine Vielzahl von Dingen, für die uns in diesem Augenblick zwar die Motivation fehlt, aber die auf lange Sicht gesehen sehr sinnvoll und erfolgversprechend sind.

Wenn Sie dieses Buch lesen und nach den ersten Aha-Erlebnissen wieder in den alten Trott verfallen: Denken Sie langfristig! Nur wenn Sie sich immer wieder dazu bringen, sich wie eine Königin zu fühlen und zu verhalten, wird es Ihnen in Fleisch und Blut übergehen.

Dabei ist es wichtig, dass Sie sich durch eventuelle anfängliche Misserfolge nicht abschrecken lassen. Jeder hat mal klein angefangen, Hauptsache ist, dass Sie überhaupt anfangen! Und denken Sie daran: Sie sind eine Königin, die geboren werden will, und Geburten sind selten leicht.

Wichtig ist dabei, dass Sie durchhalten. Bei allem, was Sie tun. Machen Sie dieses Buch zu Ihrem ständigen Begleiter. Legen Sie es nicht nach dem ersten Lesen weg und denken „ach, interessant, das mach ich jetzt auch so." Lesen Sie die Kapitel immer wieder. Schaffen Sie sich eine Art Tagebuch an, in dem Sie stichwortartig Ihre Erfolge dokumentieren. Das motiviert zum Weitermachen.

Geben Sie nicht auf, auch wenn Sie zum hundertsten Mal neidvoll den Erlebnissen anderer gelauscht haben. Ihre sind mindestens genauso toll, denn Sie haben sie erlebt. Steter Tropfen höhlt den Stein. Das ist so, und Sie sind kein Stein, sondern eine Königin aus Fleisch und Blut und müssen es nur noch entdecken.

Nur weil es heute nicht klappt, heißt es nicht, dass es morgen nicht klappen kann. Denn morgen ist ein neuer Tag.

Das Erfolgsrezept heißt: nicht lange zögern, sondern handeln. Gerade wenn Sie noch nicht davon überzeugt sind, dass in Ihnen eine Königin steckt und das Königin-Prinzip wirkt.

Denn jede Minute, in der Sie sich schlecht fühlen ist verschenkte Zeit.

Berücksichtigen Sie Motivationskurven

Sie sind auf dem besten Wege, zu einem königlichen Leben. Und dann treffen Sie Ihre ärgste Feindin aus der Schulzeit wieder. Sie hat nicht nur einen perfekten Mann, wie es scheint, sondern auch einen wunderbaren Job, drei liebreizende Kinder und ein scheinbar glückliches Leben.

Und alles, was Sie bis jetzt gelernt haben, ist wie weggeblasen.
Und was tun Sie? Werfen das Buch in die Ecke und machen so weiter, wie bisher?
Das wäre ein großer Fehler, denn Sie sind zum Glück keine Maschine sondern ein Mensch aus Fleisch und Blut. Und so ein kleiner Rückfall wirft Sie nicht um!

Wenn Sie keine Lust mehr auf königliches Verhalten haben, dann gönnen Sie sich einen Tag Pause. Lassen Sie den alten Schlendrian wieder einkehren aber legen Sie sich das Buch für den nächsten Morgen wieder hin. Nach dem kleinen Tief gehen Sie wieder frisch und ausgeruht daran, nach dem

Königin-Prinzip zu leben. Denn dieser eine Tag ohne hat Ihnen garantiert gezeigt, wie viel schöner das Leben mit ist.

Was es nicht heißt, eine Königin zu sein

Königin zu sein, heißt nicht, andere Menschen zu manipulieren, zu unterdrücken oder auf sie herabzusehen.
Es gibt Menschen, die fühlen sich wie Könige oder Königinnen und verstehen darunter nicht eine selbstbewusste Lebensweise und einen gesunden Selbsterhaltungstrieb, sondern Rücksichtslosigkeit und eine gewisse Arroganz.
Dies entspricht nicht dem Verständnis einer Königin. Denn eine Königin ist nur so gut, wie ihr Reich, das sie sich geschaffen hat.
Auf andere herabblicken, ihnen Minderwertigkeitskomplexe vermitteln und schlecht über andere reden gehört eindeutig nicht zum Leben einer Königin.

Auch das weitverbreitete Verhalten „Wie du mir, so ich dir." Gehört nicht zum Repertoire einer Königin.
Rache ist süß, aber nicht Königinnen-like. Verzichten Sie darauf. Sie können eleganter Ihren Unmut zeigen.
Eine Königin ist keine Besserwisserin. Sie erteilt anderen keine Ratschläge, es sei denn, sie wird ausdrücklich danach gefragt.

Eine Königin versteht die ihr gegebene Macht nicht falsch. Sie missbraucht diese nicht, um andere auszunutzen oder zu unterdrücken. Sie ist stark und macht auch andere mit Ihrer Stärke stark und hoffnungsvoll.

Das Königin-Prinzip ist kein Königin-Syndrom

Das Königin-Prinzip ist eine Lebensphilosophie. Wenn Sie nach dieser Philosophie leben, dann verspreche ich Ihnen, dass Sie ein weitaus glücklicherer Mensch werden, als Sie sich jemals vorher vorstellen konnten. Alle Ihre Wünsche werden in Erfüllung gehen und Sie werden sich reich und energiegeladen fühlen. Und das nicht nur ab und zu, sondern dauerhaft.

Diese Lebensphilosophie baut auf Säulen wie Wertschätzung (sich selbst und anderen gegenüber), Liebe, Vertrauen und Loslassen auf. Alles, was sie tun, sollte mit bestem Wissen und Gewissen zum Wohle aller sein.

Diese Philosophie hat nichts mit dem aus der Sozialwissenschaft und Psychologie bekannten „Königinnen-Syndrom" zu tun.

Das stützt sich nämlich auf Beobachtungen von Bienen (oder waren es Wespen)-Königinnen, die nicht nur alle Männchen klein halten und töten, sondern auch ihr ganzes Volk weit unter der eigenen Rangstufe als einfache Arbeiter betrachten und halten.
Unter dem Königinnen-Syndrom leiden viele beruflich erfolgreiche Frauen, besonders wenn sie in Männerdomänen arbeiten. Es macht sie zu viel härteren und männlicheren Männern, als die sie umgebenen Männer selbst, damit sie sich in deren Welt behaupten können.
Sie haben kein Gespür mehr für die Realität und halten besonders die Frauen in ihrer unmittelbaren Umgebung klein, eben als „Arbeiterinnen", damit ihnen keine gefährlich werden kann.

Aber sie sind keine Königinnen im Sinne des Königin-

Prinzip. Denn die würden genau das Gegenteil tun, da eine Königin weiß, dass immer genug von allem da ist. Und die Königin aus dem Königin-Prinzip setzt so klare Signale, dass sie nicht mit dem Holzhammer arbeiten muss.

Ganz im Gegenteil. Die Königin die Sie werden können ist nicht stark, weil sie andere schwach macht, sondern weil sie andere stärkt.

Wenn Sie sich absolut nicht wie eine Königin fühlen

Ab und zu werden Sie feststellen, dass Ihr Selbstbewusstsein und Ihr Stolz gerade völlig am Boden sind. Fangen Sie nicht an, hektisch etwas dagegen zu tun und sich übereifrig in Aktivitäten zu stürzen.

Halten Sie einen Augenblick inne und fühlen Sie in sich hinein. Selbstzweifel sind ein unangenehmes Gefühl. Aber dieses Gefühl ist ein Teil von Ihnen und wenn Sie sich immer und ständig so akzeptieren wollen, wie Sie sind (und das wollen Sie, denn Sie sind ja eine Königin), dann gehört auch dieses Gefühl dazu.
Verurteilen Sie sich nicht, wenn Sie, obwohl Sie es besser wissen müssten, sich über den Tisch haben ziehen lassen oder einfach nur schlecht drauf sind.
Diese Stimmungstiefs sind Ihre Sensoren, Ihr Gemüt will Ihnen damit etwas sagen. Häufig entsteht das Gefühl aus einem unbestimmten Gefühl des Mangels. Das kann ein zu niedriger Blutzuckerspiegel sein, aber auch ein chronischer oder kurzzeitiger Schlafmangel, Kälte, Durst etc. Gehen Sie in sich und überlegen Sie, ob Sie genug gegessen haben, ob Sie genug geschlafen haben und wenn nicht, holen Sie das so schnell wie möglich nach.

Meist sieht die Welt danach schon ganz anders aus, wenn der Mangelzustand behoben wurde.

Wenn nicht, dann tun Sie sich etwas Gutes. Hören Sie in sich rein. Was brauchen Sie? Abwechslung, Selbstbestätigung? Gönnen Sie sich ein tolles Konzert, einen Wochenendtrip oder auch ein neues Kleid oder eine CD. Bringen Sie etwas Neues in Ihr Leben.

Rufen Sie Leute an, bei denen Sie sich länger nicht gemeldet haben. Verabreden Sie sich. Alles ist besser als Nichtstun. Und vor allem. Ärgern Sie sich auf keinen Fall über sich selbst!

Und noch ein paar Tipps

Wenn es Ihnen schwer fällt, Ihre Sorgen und Gedanken loszulassen und sich ins Hier und Jetzt zu begeben, weil Sie denken, Sie könnten Ihre Termine und Aufgaben vergessen, schnappen Sie sich einfach morgens einen Zettel, auf dem Sie notieren, was zu erledigen ist.

Aber ich kann Ihnen versichern, wenn Sie die Technik beherrschen, dann fallen Ihnen Ihre Aufgaben genau zum richtigen Zeitpunkt automatisch wieder ein. Und Sie vergessen sogar viel weniger, als zu der Zeit, in der Sie sich schon im Vorfeld darüber Gedanken gemacht haben. Glauben Sie, dass Ihre Arbeit vielleicht deswegen so gut gelingt, weil Sie sich im Vorfeld darüber viele Gedanken machen und das würde mit dem „Im Hier und Jetzt leben" wegfallen? Dann kann ich Sie auch in diesem Punkt beruhigen. Ihr Potential steckt in Ihnen und wenn Sie wirklich nur immer das tun, was Sie gerade tun, dann sind Sie mit allen Ihren Ressourcen dabei und die Dinge, über die Sie vorher stundenlang nachgegrübelt haben, fliegen Ihnen nur so zu.

Und noch eine Möglichkeit, um schnell ins Hier und Jetzt zu kommen: Tun Sie so, als ob Sie in fünf Minuten einen wichtigen Termin mit dem Geschäftsführer Ihrer Firma haben, um über ein fachliches Thema zu sprechen. Sie können sich auch den Dalai Lama oder andere Persönlichkeiten des öffentlichen Lebens vorstellen.

Sobald Sie dieses Treffen für sich anvisieren, richten Sie Ihre volle Konzentration darauf und konzentrieren sich.

Egal, was Sie vorher gedacht haben und was Sie bedrückt, da dieser Termin von Ihnen höchste Konzentration fordert, werden Sie alles andere hinten anstellen und sich nur darauf konzentrieren, einen guten Eindruck zu machen und die Situation bewusst erleben.

Legen Sie los! Am besten sofort und genießen Sie Ihr neues königliches Leben!

Alles Gute für Ihre königliche Zukunft!

Ihre

Eva Ninn